仕事や転職で悩んだときに伝えたいこと

谷所健一郎

C&R研究所

はじめに

突然ですが、仕事や転職で悩んだとき、誰に相談しますか？

学生ならば友人や先生に相談できますが、社会人ですとなかなか親身に相談にのってくれる相手がいません。

学校を卒業して社会人として仕事に就くと、こんなはずではなかったと落胆することがありますが、仕事を辞めたいと考えても誰に相談していいのかわからず、日々悶々とした気持ちで過ごしている方がいます。

仕事が失敗ばかりで、立ち直れない方がいます。長年勤務してきた会社でも、必要とされていないと感じてしまう方がいます。忙しい日々が続いているなかで辞めさせてもらえないと考え、じっと耐えながら仕事をしている方がいます。

本書は、仕事や転職で悩んでいる方の悩みが少しでも和らぎ、新たな活力を生むために役立つ書籍になればと考え、書かせていただきました。

仕事や転職で実現したいことは、人それぞれ違います。抱えている悩みの捉え方も、人それぞれ違います。現職をどうしても続けていけないならば、転職すればいいのです。転職して続けていけなくなれば、また転職すればいいのです。転職でどこも採用してくれなければ、自分で起業する方法だってあります。毎日悶々として悩んでいるだけなんて、もったいないことです。

誰一人として同じ生き方などありません。周囲がどう思うかなんて悩まなくていいのです。人より少し劣るからといって悩むことなどないのです。あなた自身のやりたいことにチャレンジしてください。そして疲れたら自分のために休んでください。休んだからといって、全てが終わるわけではありません。休んでまた一歩踏み出せばいいのです。

本書を参考にしていただき、新たな一歩が踏み出せることを期待しています。

谷所 健一郎

CONTENTS

目次

CONTENTS

目次

第2章 仕事の悩み

CONTENTS

目次

CONTENTS

目次

第3章 転職の悩み

CONTENTS
目次

第1章 悩みの捉え方

SECTION 01

固定観念に捉われない

「～でなければいけない」という固定観念から解放されてください。

固執した考えでは、周囲の良いものを見落としてしまいますし、自己本意の考えは、いずれ行き詰まり良い発想は生まれません。

「上場企業でなければいけない」「社員数が１０００名以上でなければいけない」という視点だけの転職では、能力を発揮できずに再び転職という結果になるかもしれません。

思い込みが強過ぎると、周囲の人と協調できず良好な人間関係が築けないことがあります。

人それぞれ価値観が違います。相手の価値観を認めることで良い関係が築けるのですが、相手に共感できず自分の行動が絶対だと考えていれば、そのうち協力してくれる人がいなくなります。

婚活も仕事と同様に「一流大学出身でなければいけない」「上場企業に勤務

していなければいけない」「身長が高くなければ駄目だ」など、自分のモノサシだけで判断していると、相手の良さや本質を見落としてしまいます。一流大学卒業でなくても成功している方は大勢いますし、上場企業でも倒産することはあります。

少し肩の力を抜いて「～でなければいけない」から解放されて「そういった捉え方もあるのか」に切り替えると、周囲のあなたに対する接し方が変わってきます。そして何よりあなた自身がこれまで気が付かなかった自分と出会えてワクワクします。

ポイント

「～でなければいけない」から、「～という考えもあるんだ」に気持ちを切り替えてみる。

SECTION 02

悩みの捉え方は人それぞれ違う

ある人にとってたいした悩みでなくても、あなたにとってはずっと気になる悩みということはよくあります。悩みの捉え方や受け止め方は、人それぞれ違うのですから、なぜ自分だけ悩むのかと感じていても、あまり気にせず人により違うものだという認識で過ごしてください。

周囲の人が「なぜそんなことで悩むの？」と言われても、悩みの捉え方は人により違うのです。これまで育ってきた環境や性格が違うなかで、悩みの捉え方も違うのです。

悩みを抱えて体調を崩してしまうことは問題ですが、悩むことはそれほど悪いことではないのです。

悩むことで、人の痛みや苦しみも理解できます。悩むことは、現状に正面から向き合っている証です。人間関係や仕事など、どうでもいいと考えていれば、たいして悩まず日々過ごすことができますが、悩む人は軽く受け流すことができないのです。

悩んでいることに悩まないでください。頭のなかに浮かんでくる悩みは、あなただからこそ感じ取れる悩みなのです。悩むことで、良い方向への解決の糸口が見つかるはずです。

周囲に鈍感な行動を取る方がいても、悩みの捉え方は人それぞれ違うと考えれば、イライラせずに過ごすことができます。

悩みの捉え方が人それぞれ違うことで、上手くバランスが取れているのかもしれません。周囲に悩んでいる方がいたら、「何で・・・」と否定する前に、その人の気持ちになって共感してみると見えてくるものがあります。

ポイント

悩むことに悩まず、悩むことが解決の糸口に繋がると認識する。

SECTION 03

仕事は80％の力を出す

仕事で成果を出したいと考え全力投球で打ち込むことは決して悪いことではありませんが、少し力を抜いてみると、これまで見えなかったことが見えてきます。

仕事で１００％の力を出し切れと言う方がいますが、力を出し切ってしまえば息切れがしてしまうかもしれません。むしろ80％くらいの力でじっくり取り組んだほうが上手くいくこともあるのです。

80％の力で仕事をすれば、いざというときにまだ伸び代がありますが、１００％であればその先はありません。

終わりが見えない仕事で毎日１００％の力を出し切れば、間違いなく肉体だけでなく精神面もボロボロになってしまいます。自動車のハンドルにも遊びがあるように、仕事も全体を見渡せるくらいの余裕を持って仕事をしてください。

残りの20％は、趣味やプライベートに力を注いでみるのもいいでしょう。仕事だけ打ち込んでいるだけでは、良い発想は浮かびません。気持ちに余裕がなければ、仕事は行き詰まってしまいます。

仕事は80％の力を注ぎ、残りの20％はやりたいことの時間に充ててください。「頑張らなければ・・・」という気持ちが強過ぎると、逆に気持ちが滅入ってしまいます。周囲に負けたくないという気持ちが強すぎると、焦りの気持ちが先行してしまい、精神面で追いつめられてしまいます。

周囲の顔色など気にせず自分のための仕事をしてください。気持ちに余裕を持ちながら仕事をすると、仕事の楽しさが見えてきます。

自分のペースで、長くじっくり仕事を継続してください。

ポイント

「頑張らなければ・・・」の気持ちを置いておいて、焦らずじっくり自分のために、80％の力で仕事に取り組もう。

SECTION 04

ココロの癖とうまく付き合う

自分のココロの癖を理解していますか？

人により違いますが、落ち込むパターンがあります。

- 周囲の人間と上手くいかないことで、落ち込む人
- トラブルになるとわかっていても入り込んでしまい、落ち込む人
- かまってもらえなくて、落ち込む人
- 必要とされていないと考え、落ち込む人
- お付き合いが長続きせず、落ち込む人
- お金がなくて、落ち込む人

誰でも様々なことで気分が滅入り落ち込みますが、落ち込んだ気持ちをリカバリーする速度は、人それぞれ違います。落ち込むパターンを理解していれば、気持ちが滅入っても自分が落ち込むパターンに入ったなと受け止めることができます。

気持ちが冷静であれば、つまらないことで落ち込んでいることを認識できますが、ココロが弱っているときですと、どっぷりはまってしまいます。

どっぷりはまりそうなときもココロの癖を少しでも理解していれば、「これは自分のココロの癖だ」と言い聞かせて、ココロの落ち込みのリカバリーを早めることができます。さらに落ち込むパターンがわかっていれば、その地雷を踏まないように生きることもできます。

自分がどういったときに落ち込むのか、冷静なときに分析してみてください。相手に期待をし過ぎることで落ち込むならば、期待をしないように意識をします。嫌いな人からの一言に落ち込むならば、その人と距離を置くようにします。ココロの癖は、自分らしさなのです。自分のココロの癖と上手く付き合ってください。

ポイント

ココロの癖を理解し、落ち込む原因の地雷をなるべく踏まないようにする。それでも落ち込んだときは、「これは自分のココロの癖だ」と認識してみる。

SECTION 05

悩みの比重を下げる

抱えている悩みのことだけ考えていると、益々悩みから解放されなくなります。目の前の悩みが大きければ大きいほど、常に気になり頭から離れないのですが、何か別のことに集中することで、現在の悩みが少し和らぐかもしれません。悩みを切り離して別の仕事や楽しみなどに集中すると、悩みが解決しなくても悩みの大きさが少し小さくなります。

仕事上の悩みであれば、自分だけで抱えず、上司や先輩に打ち明けて悩みを分散してみてください。例えば、大きな自分のミスを上司に報告していないという悩みを抱えていれば、いずれ取引先や顧客に迷惑をかけて大きな問題になる可能性がありますので、上司から叱責されてでも問題を報告しなければ解決しません。

悩んで解決する問題であれば、多いに解決策を模索し改善すべきですが、そうでない悩みならば、深く悩まず「成るようになるさ」と、一端悩みから逃避してみるのも一つの方法です。その人にとっては大きな悩みでも、現実問題としてそれほど大きな問題ではないこともあります。失敗したからもう駄目だと思い悩んでいても、周囲が全く気にしていないことも多いのです。

悩みからなかなか解放されないならば、資格取得の勉強を始めるなど、何か目標を見つけてチャレンジしてみるのもいいでしょう。集中すべき目標が見つかることで、目標に意識が向かい、悩みの濃度が薄くなります。

そんなこと言ったって目の前の悩みが大ごとで分散などできないと嘆くかもしれませんが、ココロが繊細だから悩むのです。悩むことは、決して悪いことではありません。悩みの濃度を少し薄くするために、別のことにも気を掛けてみてください。

ポイント

悩みの濃度を薄くするために、他のことに集中してみる。

SECTION 06

1年後も同じ悩みで悩んでいるか自問自答する

いま抱えている悩みが、1年後も継続して悩んでいるか考えてみてください。この先ずっと抱えていく悩みならば、何としてでも解決策を見つける必要がありますが、1年後は消えているかもしれない悩みであれば、クヨクヨ考えなくていいのです。

目の前の悩みがココロの領域の大部分を占めていると感じていても、1年後は全く忘れてしまう悩みかもしれません。悩んで解決する問題でなければ、別のことに集中してあまり考え過ぎないようにしてみてください。

良好な人間関係が築けないと悩んでいても、相手の性格や環境でうまくいかないこともあります。無理やり仲良くなろうとすれば、逆に関係をこじらせてしまうこともあります。どうしても仲良くなりたい人でなければ、付かず離れず放っておけばいいのです。

悩みを抱えているときは、悩みが気になり冷静な考えができなくなるかもしませんが、１年後も同じ悩みを抱えているか自問自答してみてください。そして、答えがＮｏならば、悩みの壺に、はまらないように過ごしてください。

逆に仕事などで、環境を変えられずこれからずっと引きずっていく悩みならば、その悩みを解決するための対策や行動を取る必要があります。

改善方法がわかっていても後回しにしておくことで、改善することができなくなるかもしれません。ずっと抱えていく悩みは、放っておくことでより悩みが大きくなることがあります。

限られた人生ならば、できる限り悩みから解放されるよう、改善できる悩みは放置せず、良い方向に向かうよう努力すべきです。

１年後も悩んでいる悩みか、そうでない悩みか自問自答してみてください。

ポイント

１年後は忘れてしまう悩みであれば、クヨクヨ考えず違うことに集中しよう。

SECTION 07

一人で悩みを抱え込まず、話を聴いてもらう

一人で悩んでいても良い方向にはなかなか進みません。話しを誰かに聴いてもらうだけで、解決に進まないまでも、気持ちがずっと楽になります。

自分の悩みを話してその悩みを共有してくれる人がいれば、悩みの解決方法が見つかるかもしれません。

気持ちがどっぷり沈んでしまう前に、周囲の人に話しを聴いてもらってください。話せる人がいなければ、公共機関やＮＰＯ法人などがおこなっている相談窓口もあります。

精神的に追い込まれて改善しないならば、躊躇せず診療内科や精神科を受診して、先生に悩みを聴いてもらってください。一人の考えだけでは解決できない問題も、他人に話すことで新たな展開になることもあります。

悩むということは、繊細なハートの持ち主です。

悩むということは、直面している問題を理解できる感受性がある人です。

一人で悩んでいるだけでは、周囲の人は気がつかないかもしれません。言葉にすることで、初めて理解されることもあります。

悩みを抱え込む人は、仕事やプライベートの問題も一人で解決しようとするタイプの人かもしれません。

悩みを話した相手に理解してもらえなければ、また別の人に話しをすればいいのです。あなたの悩みを真摯に受け止めてくれる人は、あなたの周囲に必ずいます。どうせ理解してもらえないと最初から決めつけずに、悩みを打ち明けてみてください。

ポイント

一人で抱えている悩みを誰かに打ち明けると、気持ちが楽になり解決の糸口が見つかる可能性がある。

SECTION
08

悩む人は問題意識があり責任感が強いと自覚する

悩むということは、置かれている様々な状況について問題だと認識する力と責任感があるから悩むのです。悩める人は、何も考えず悩まない人よりずっと人間らしいと言えます。

悩む人は、人の動向に敏感な方が多いのですが、相手の言動に悩むということで自分のおこなうべき言動が見えてきます。

仕事では、問題意識を持ち責任を全うする人が今後益々伸びていきます。問題が目の前にあるのに問題だと認識せず見過ごしているようでは、仕事だけでなくプライベートも上手くいかないでしょう。例えば、売上が上がらなくても商品が悪いから仕方がないと悩まず過ごしている人は、企業で必要とされる人材ではなくなります。悩む人は、なぜ売れないのだろう、営業トークがいけないのか、商品に何か問題あるのかと様々な観点から、悩むのです。

悩む人の多くが、繊細なココロの持ち主であり、傷つきやすい面がありますが、その繊細さも相手のことを思いやり相手を傷つけないという長所に繋がります。

悩む方の多くが問題意識や責任感を持っていますので、そこからどうしたら改善できるかまで考えて解決方法を見つけると、悩みも解消されます。

幸せな結婚生活がしたいけど相手が見つからないと悩んでいる方は、結婚に対して問題意識を持っていますので、婚活パーティーに参加するとか、結婚相談所に入会するなど解決方法を見つけて行動に移します。

悩んでいるだけでは、気持ちがどんどん沈んでしまいます。悩みを解消するための方法を考え、一歩踏み出すことで、これまでと違った世界が見えてきます。

ポイント

悩まない人は、問題を問題と認識しないが、悩む人は、問題を問題と受け取る。

SECTION
09

いまやるべきことをやる

将来上手くいくか、目標が達成できるかなど悩むことは悪いことではありませんが、悩むくらいなら、いま目の前のやるべきことに集中してみてください。

将来は誰も予測できませんが、将来は現在の積み重ねで決まります。

できるかどうか悩んでいるだけでは、おそらく実現しません。できるためにいまやるべきことがあるはずです。やるべきことを後回しにせず、行動してください。

理想を語るのもいいですが、語っているだけでは何も変わりません。理想が実現するためには、日々の積み重ねで実現するはずです。

いまやるべきことに集中すれば、自ずと道は開けていきます。

やるべきことに集中しなければ、いつまでたっても実現しない夢や目標を追いかけているだけなのです。

現在の仕事や生活の不満も同様に、不満を嘆いているだけでは何も変わりません。

不満を誰かに責任転嫁しているようでは、ずっと誰かに不満を持ちながら仕事や生活をしていくことになるでしょう。不満を解消したいならば、不満を解消するためにやるべきことがあるはずです。

いま目の前のやるべきことに向き合い、集中して行動してみてください。将来を思う気持ちがあるならば、いまやるべきことに向き合ってください。現在の積み重ねが将来に繋がり、自ずと結果がついてきます。

ポイント

将来の理想や目標も大切だが、目の前の現実に向き合いやるべきことに集中する。

SECTION 10

他人と比較をしない

他人と比較をして悩む方がいますが、他人と比較をする生き方ではいつまでたっても悩みから解放されません。他人に負けたくないとライバル心を原動力にして成果を出せるならば、他人に負けないということを目標にしても問題はありませんが、他人を羨ましく思う、他人と自分の違いに嫉妬するなど、他人と比較をするだけの生き方は、間違いなくストレスになります。

他人と比較をする生き方は、他人より劣ることで劣等感を持ちますし、他人と自分の評価の違いに納得できないと、不満に繋がります。他人と比較をする生き方では、逆に他人より優位に立っていることに優越感を持ちます。

人には感情がありますので、他人を羨ましいと思う気持ちがあっても仕方がありませんが、他人と比較をしながら生きるほどつまらないものはありません。他人との比較が優先すると、現在置かれている状況に感謝する気持ちが失せてしまい、楽しく生きることができません。

誰でも置かれている環境は違います。羨ましいと思う人でも、見えないところで苦しんだり悩んだりしているケースもあります。他人と比較をしながら一喜一憂するのではなく、自分の生き方に自信が持てるようにしたいものです。

年収1000万円と300万円の人で、必ずしも年収1000万円の人が幸せではありません。年収1000万円の生活では、高年収の人と付き合うため生活費が加算してしまうだけでなく、生活水準を落とせなくなります。見栄を張らずに年収に見合う生活をする年収300万円の人のほうが、幸福度が高いこともあるのです。

仕事もプライベートも少し冷めた言い方ですが、人は人だと割り切ってみてください。そして自分の置かれている環境や周囲の人々に感謝の気持ちを持つことで、他人と比較をしない幸せな生活が近づいてくるのです。

ポイント

人は人だと割り切り、他人と比較をせず置かれている環境に感謝する。

SECTION 11

不満や怒りをコントロールする

不満の感情は誰にでもありますが、不満の感情をコントロールできなければ、不満が怒りになってしまいます。

そもそも不満の本質は、自己本意の考え方と相手が期待に応えてくれないときに起こるケースが多いように思えます。自己本意とは相手の立場を考えず、自分に不利益なことがあると不満が怒りとなります。

例えば鉄道が遅れているとき駅員に怒鳴っている人がいますが、まさに自己本意の怒りであり、遅れたことによる自分の不利益ばかり考えています。

一方、部下が成績を上げることができず怒りをあらわにする上司は、期待に応えられない部下に怒りや不満をもっているのです。

これらの気持ちをコントロールするためには、10分でも構いませんので、その場を立ち去り冷却時間を置くことで、怒りが和らぎ感情的にならずに対応できます。また、相手が期待に応えられないのは、相手の期待に応えるようなことをおこなっていない証だと考えてみてください。まさに部下が成績を伸ばせないのは上司の指導不足であり、本来部下を怒るまえに、自分自身に怒るべきなのです。不満や怒りを覚えたら、自己本意になっていないか、相手の期待に応えるように行動しているか考えてみてください。考える時間を持つだけでも不満や怒りは収まります。

相手の立場になって考えてみることも必要です。あなたが遅延を出している鉄道の駅員の立場になってみて、あなたがその駅員を罵倒する姿を想像してみてください。相手の立場を顧みず、すぐに感情的になるのは社会人としての行動ではありません。それでも不満や怒りの気持ちが芽生えたら、美味しいものを食べるとか、スポーツで汗を流すとか、欲しかったものを買ってしまうという方法もあります。

ポイント

不満や怒りの感情が芽生えたら、自己本意な怒りでないか、相手に過剰な期待をしていないか自問自答してみる。

SECTION
12

いい人を卒業してみる

相手に余計な気を使わず肩の力を抜いてみてください。人に迷惑をかけなければ、無理やりいい人に成りきる必要などありません。自分に正直に行動すればいいのです。

いい人でいようとすると、相手にいい顔をしながら日々演じていきますが、いい人を演じているわけではなく本質であれば、ストレスが溜まりません。いい人をずっと演じている人は、遅かれ早かれいつか息切れしてしまいます。

相手の気持ちを汲み取ることは大切ですが、相手のためではなく自分が良く思われたいという気持ちからいい人でいようとするのは、卒業してみてはいかがでしょうか?

いい人を演じて、行きたくない飲み会に無理やり参加したり、周囲の無理な要求にいつもＹｅｓという必要はないのです。飲み会に参加しなければ良好な人間関係が築けないわけではありませんし、無理な要求にいつも応えていることで、いつのまにかその要求が当たり前になってしまいます。

相手がどう思うかではなく、私がどう行動するか、ＹｏｕからＩを主語にして気持ちの持ち方を変えてみると、あなたらしく行動することができ悩みから解放されます。

ずっといい人でいられる自信があるならばいい人を貫くべきですが、いずれ息切れするならば、自分らしく行動していくことで周囲の人の理解を得られるはずです。

そろそろいい人を卒業してみませんか？

ポイント

相手ではなく自分を主体に捉えて、無理をせず自分の思うような行動を取り、いい人を卒業してみる。

SECTION 13

自分に嘘をつかない

やりたいことがあっても我慢をしていませんか？

迷惑をかけない行動ならば、自分に嘘をつかない生き方をしてください。自分に嘘をつきながら生きていても楽しくありません。

本当はやりたいことがあるのに始められないとずっと考えていれば、この先もやりたいことは実現しません。自分の気持ちに正直になり、自分に嘘をつかずにやりたいことを始めてみましょう。

自分に嘘をつきながら生きていくと、いずれあなたのココロに正直に向き合えなくなります。

仕事で見栄を張る生き方も、自分に嘘をついた生き方です。見栄や嘘はいずれ本性がばれてしまいます。嘘をつきながら仕事をしている後ろめたさがあれば、仕事が面白いわけがありません。

ドロ臭くて何が悪いのでしょうか。恰好が悪くて何が悪いのでしょうか。虚像の自分で生きるなんてつまらない生き方です。見栄を張りながら生きていると、さらに嘘をつかなければ生きられない状況に陥ります。

人生は一度だけです。

嘘をつかなければ周囲と上手く付き合えないならば、付き合わなくていいのです。嘘をつかずに生きられる環境を見つければいいのです。

嘘から解放されると気持ちが楽になり、本来の生き方が見えてきます。

嘘のために時間を費やすのではなく、自分に正直になり、見栄を張らずにありのままの生き方を目指してください。

あなたらしい生き方を実践してみてください。

ポイント

自分に正直になり嘘から解放されることで、本来の生き方が見えてくる。

SECTION 14

悔しさを原動力にする

仕事や日常生活で悔しい気持ちになると、相手が悪い、会社が悪い、社会が悪いと責任転嫁してしまうことがあります。選抜で選ばれないと、選ばれた相手や選考した人に怒り妬みを覚えるかもしれませんが、多くは自分自身に原因があります。選ばれない自分の能力を顧みず、選ばれた相手のほうが劣るなどと嘆いていても、自分自身にとって何のプラスにもなりません。

悔しい出来事をプラスにするためには、その悔しさを原動力にして、自分自身にもっと磨きをかけることです。他人や企業が悪いわけではなく、自分自身の力を高めていけば、有無を言わさず抜擢されるのです。選ばれない何らかの原因が自分自身にあると考えてみる謙虚さを、大切にしてください。

悔しい気持ちが芽生えるというのは、もっと向上できるチャンスと捉えてください。仮に理不尽な選考でもそのことを原動力として成長できれば、理不尽な選考に将来感謝したい気持ちになるかもしれません。

悔しい気持ちになったとき、飛躍できるチャンスがやってきたと考えて、自分自身の向上していくパワーに置きかえてください。

悔しい気持ちになったときは、自分自身を見つめるいいチャンスです。相手への誹謗中傷で済ませるのではなく、冷静に反省すべき点や今後やるべきことを考えてみてください。

転職活動も同様に、不採用になった企業を将来後悔させるくらいの実力をつけて、見返してやるくらいの気持ちで臨んでください。

ポイント

悔しさを成長への原動力に転換して、自分自身を見つめ直す。

SECTION 15

やるかやらないか悩んだらやってみる

やるかやらないか悩んでいるなら、目の前のやるべきことにチャレンジしてみるべきです。失敗したらどうしようと不安があるならば、不安を少しでも払拭するための準備をしてください。

やらずに後悔するくらいならば、やって仮に上手くいかなくてもその経験が将来の糧になります。やりたいことがあるならば、ぜひチャレンジしてください。

どちらの道を進むか悩んでいる場合、容易な道ではなく難しい道を選択すべきです。容易な道を選択して達成しても、難しい道を選択しなかったことを後悔するかもしれません。人生の限られた時間のなかで、チャレンジできるときはそう長くはありません。

やるかやらないかでやらない選択をすれば、できなかったことと同じです。昔大きなチャンスがあったと自慢話をする人がいますが、チャンスがあってもそのときチャレンジしていないならば、何の自慢にもなりません。

自分の気持ちに正直になってください。周囲に迷惑をかけないならば、やりたいことの実現に全力を注ぐべきです。但し無鉄砲にチャレンジすれば失敗が目に見えています。成功するための準備を怠らず、慎重に実践していくことを忘れないでください。

転職や独立も同様に、すべきか悩んでいるならばやってみるべきです。転職や独立に失敗したからといって明日がなくなるわけではありません。仮にゼロになってもまた積み上げていけばいいのです。

成功している方の多くが、やるかやらないかで、やる道を選んでいます。悩んでいるならば、将来後悔しないためにもやるべき道を選択してください。

ポイント

やるか、やらないか悩んでいるなら実践してみる。容易な道か困難な道か悩んでいるなら困難な道を選択する。

SECTION 16

短所は長所で払拭する

人は誰でも長所としていいところもあれば、短所として劣るところもあります。短所を改善すべきだと言われて、自分の短所ばかり気にしていても、自分が嫌いになるだけで短所は改善されません。長所や短所が人間性に委ねるところが大きいならば、無理やり変えられるものではないのです。

これまで仕事でできない点を指摘されても改善できず、悩んだ経験はありませんか？　できないことを何とかしようとしても上手くいかないことも多いのです。人に迷惑をかけない短所であれば、それほど気にする必要はありません。それより長所をさらに伸ばして、よりあなたらしい個性を引き出す努力をすべきです。多くの人は、褒められるとさらに能力を発揮し良くなっていきます。短所を改善する労力より、長所をさらに伸ばすほうが、ずっと魅力的ですし楽しくやりがいがあります。

仕事も同様に自分が劣る人間だと考えながら欠点を改善する労力に時間を

割くのではなく、好きなことや優れた能力をさらに伸ばしてスペシャリストを目指してください。優れた能力があれば、少しくらいのマイナス面は払拭されてしまいます。

興味のある分野でしたら、新たな技術や知識を習得することもそれほど苦ではないはずです。仕事でも興味のない分野に力を注ぐことから、興味のある分野の能力を高めることに集中してください。

完璧な人などいないのですから、自分自身をしっかり見つめてみて、得意とする分野や興味のあることに力を注ぐことで、仕事でもより必要とされる人材になれます。短所があっても長所がより必要とされれば、短所は気にならないのです。

ポイント
短所を払拭する労力に時間をかけず、長所をさらに伸ばすことに集中する。

SECTION 17

人と違っていい

周囲と一定の協調は必要ですが、人それぞれ考え方や捉え方は違います。無理やり周囲に合わせて、同じ行動や考え方をする必要はありません。周囲に合わせなければいけない状況が、悩みを生み出すのです。

誰でも得意とする分野もあれば、そうでないものもあります。現状で能力を発揮できなければ、できる環境を見つければいいのです。

なぜ周囲と合わせられないのだろうと考え過ぎてしまうと、自分は人と協調できない人間なんだと自己否定をするかもしれませんが、むしろ合わせられないことが、あなたの個性であり良さなのです。

人と同じように行動して、同じ考え方の振りをしながら生きるのは、別の視点から捉えると、とても不思議で滑稽な情景です。

常識が本当に常識なのかも、考えを突きつめていくと必ずしもそうとは言えないことも多いのです。

仕事が上手くいかない、周囲と馴染めない、会社のルールに従うのが辛いなど思い当たる節があれば、気持ち良く過ごせる環境に近づくために自ら一歩踏み出してください。仕事は現職の会社だけではありません。会社組織で生きていくのが合わなければ、会社の業務を請け負う業務委託や独立して独立事業主として働く方法もあります。

なぜ人と同じ行動が取れないだろうと悩む前に、人より優れている部分がないか自問自答してください。

周囲に迷惑をかけなければ、人と違っていて何ら問題ないのです。人と違うあなた自身を認めて、褒めてあげてください。

ポイント

人と違う行動や考え方をプラスに捉えて、自ら生かせる環境を見つける。

時間は常に流れていて、時間が解決する

目の前の解決できない問題も、時間が解決してくれることがあります。

時間が経過して解決できない問題でも、現在の捉え方とは変わることがあります。直面している問題がどうしても解決できなければ、時の流れに任せて放置してみてください。

焦って短絡的な行動を取らず、じっくり腰を据えて成るようになるという気持ちで、放っておく方法もあります。何とか解決しなければとあせってすぐに行動することが、逆にマイナスな方向に向かっていくこともあるのです。

人間関係が上手くいかなくなったとき、無理やり相手と仲良くしようとすればするほど、人間関係がこじれてしまうケースがあります。

人との付き合いは、どんな人でも合う、合わないはあります。合わない人と無理やり仲良くしようとしても、上手くはいきません。あなたが合わないと感じているように、相手も同じように感じているのです。合わない人とは、少し距離を置いてみることで、気持ちが楽になります。

仕事も同様に、現在の仕事が上手くいかなくても、この先ずっと上手くいかないわけではありません。じっくりあせらず腰を据えて仕事を続けていくことで、解決に導かれることもあります。

どうしようもなく落ち込んでしまっていても、時間は誰でも平等に流れていき、時間が解決してくれるのです。

いますぐに解決できなければと深く悩まず、とりあえず時の流れに身を任せて生きていくという選択をしてください。

10年あっという間に過ぎていきます。

10年後、いま思えば小さな問題だったと考えるかもしれません。

ポイント

いま抱えている問題が10年後も同じような問題とは限らない。多くの問題は、時の流れと共に変化していく。

ヤドケンから悩んだあなたへのアドバイス

悩みは、人それぞれ違います。ある人にとっては何でもない悩みでも、別の人にとってはすごく大きな悩みになることもあります。

悩むということは、悩みを感じない人よりずっと感受性が強く問題意識が持てる人として、プラスに捉えてみてください。但し悩みが強くなり体調を崩してしまうようでは、元も子もありません。あなたのココロの癖を理解して、悩まなくていいことは時の流れに身を任せてみる方法もあります。

「～でなければいけない」という固定観念の枠を外してみることで、気持ちが楽になることもあります。他人と比較をしても何も始まりません。周囲の目など気にしなくていいのです。あなたには、あなたの良さが沢山あります。

第2章 仕事の悩み

SECTION 19

入社して3カ月、人間関係が上手くいかず辞めたい

人間関係が上手くいかないと、会社に行くのも嫌になります。ましてや入社3カ月であれば、社内で相談できる社員も少なく、孤立した状況かもしれません。

人間関係が修復できると考えるならば、もうひと踏ん張りしてみてもいいですが、毎日が苦痛で異動や転勤の可能性がないならば、この先も同様の状態が続くかもしれません。

なぜ人間関係が上手くいかないのか反省すべき点があれば、相手に素直な気持ちで謝罪する方法もありますが、謝ることで相手が強気になるなど、より関係が悪くなることもあります。

どうしても上手くいかないならば、無理をして頑張る必要などありません。

人間関係では、合う、合わないは少なからずあります。合わない人と無理やり合わせようとしても良い結果には繋がりません。嫌な思いをしながら仕事を続けていけば、体調を崩してしまうかもしれません。

転職するために短期間で辞めるリスクを気にするかもしれませんが、3年頑張ればと仕事を続けても、3年間を短期間と捉える企業もありますし、1年未満でも欲しいと思わせれば、在籍期間などそれほど問題にしません。

現状を打破するために転職活動をスタートしてみることも検討してください。

ポイント

修復の見通しがなければ、無理をして修復しようとせず転職活動をスタートしてみる。

SECTION 20

仕事が単調でつまらない

面白い仕事などなかなかありませんが、単調だと感じる仕事でも受け止め方によって大きく変わります。

どんな仕事も人のためになる仕事です。単調な仕事も誰かのためになっていると考えてみてください。

コピーを取ることも単調な仕事かもしれませんが、そのコピーが誰かのために役立っているのです。会社の経営に繋がるコピーかもしれませんし、誰かの助けになる書類かもしれません。

単調な仕事でも必要のない仕事などないのです。

このことを理解しなければ、どんな仕事に就いてもつまらないと感じ、価値観をなかなか見出せないかもしれません。

単調な仕事でも人より早く処理ができる、常に間違いのない仕事ができるなど他の人より優れた仕事ができるようになってみてください。

単調な仕事でも視点を変えると面白さを発見できるかもしれません。

「雑務が嫌だったから」と言って転職する方がいますが、このような方はどんな仕事でも上手くいきません。そもそも仕事に雑務などなく、どんな仕事でも人のためになるから存在しているのです。誰もがやりたくないつまらない仕事だからこそ、次に繋がる可能性があるのです。

それでもどうしても現職を続けたくないならば、自分の楽しみのための仕事ではなく、人のためになる仕事をしていくという姿勢で仕事を探してみてください。

ポイント

単調でつまらない仕事でも相手のためになると考え全力でおこなってみると、やりがいを見出すことがある。

SECTION 21

残業と休日出勤が続き、体調を崩している

過酷な労働が一時的なものなのか見極めてください。

今後も同じような勤務が継続していくことが予想でき、改善する見込みがないならば、無理をせず辞めることも考えてください。仕事は体調を崩してまでおこなうものではありません。体調を崩す労働環境でも対処しないような企業であれば、何かあっても企業は助けてくれませんし、何かあってからでは遅すぎます。

対応できる体力や気力は、人それぞれ違います。

体調を崩し精神的に正常な考え方ができなくなると、現在の状況から抜け出すことが難しくなります。

周囲の「もったいない」「せっかく入ったのに」「もう少し頑張ってみれば」という言葉に決して惑わされないでください。

仕事の辛さは、本人にしかわかりません。世間体など気にする必要は全くあ

りません。

辞めることで現職の社員に迷惑がかかると考え留まる方がいますが、優しい気持ちだけではやっていけないこともあります。労働環境の改善について申し出たうえで納得できなければ、あなたの人生なのですから転職すべきです。

会社は、現職の会社だけではありません。

我慢などせず一歩踏み出してください。

ポイント
労働環境の改善の見込みがないならば、体調を崩してまでも仕事は続けるべきではない。

SECTION 22

派遣社員としての経験しかなく将来が不安になる

派遣社員としての将来に不安があるならば、正社員への転職を考えてみるべきですが、正社員として仕事をするのではなく、派遣社員として新たな契約を更新しながら、副業などの仕事に打ち込む生き方もあります。正社員として副業をおこなうことも可能ですが、派遣社員のほうが正社員のような時間的な拘束を受けずに取り組むことができるのです。

転職では、正社員の経験があっても求めている能力を満たしていなければ、通常採用に至りません。転職では、前職の雇用形態より求めている能力の有無を重視しますので、派遣社員の経験しかないからといって正社員で転職できないことはありません。

有期雇用である派遣社員と正社員の違いについて考えてみてください。一般的に派遣社員では指示された業務をきちんとおこなうことが重視されますが、正社員では問題改善能力や企業への帰属意識も求められることを踏まえて臨んでください。

不安になっているだけでは何も解決しません。今後の生き方について考えてください。

転職するならば、これまでの経験を通じて応募企業でできることを具体的に考えたうえで、転職活動をおこなってください。正社員への転職する優先順位が高いならば、人員が不足している業界や職種への転職や企業規模にこだわらず転職する方法もあります。

これまでの経験から何ができるか、何をやりたいか整理をしてみることが大切です。

ポイント

将来に不安があるならば、どのような生き方をしたいか考え行動に移さなければ、何も変わらない。

SECTION
23

ロボットやＡＩの進化で仕事がなくなるのではと不安になる

将来間違いなくロボットやＡＩ技術が進化し、現状の仕事のスタンスが変わることは間違いありませんが、そのことを気にし過ぎても上手くいきません。一つ言えることは、どんなに進化しても人間社会のための進化だという点です。自動運転技術が進んでも、当面は自動運転を管理する人間が必要になるでしょう。現状の窓口の銀行業務が減少しても、資産管理や金融に関するコンサルティング業務はなくならないでしょう。

また技術が進化していくからこそ、アナログが再び脚光を浴びる可能性もあります。

今後仕事がなくなると不安になるのではなく、どんな仕事でも構いませんので、仕事を極めていくスペシャリストを目指してみてはいかがでしょうか。

ロボットやＡＩが進化してもスペシャリストとしての能力があれば、ロボットやＡＩを活用した仕事が可能になります。

現職でロボットやＡＩを活用し、どのように業務を簡略化できるか考え、簡略して生まれた時間を活用して、さらに発展的な取り組みができないか検討してください。

不安になり悩んでいる時間をスキルアップの時間に充てて、あなただからこそできる仕事を習得してください。

ポイント

ロボットやＡＩがおこなう仕事もコントロールするのは人間なので、仕事のスキルを極めていくことが重要になる。

SECTION 24

仕事に自信がなく明るい気持ちになれない

自信がないことは決して悪いことではありません。自信過剰で努力を怠れば、あっという間に能力は衰退していきます。自信がないと嘆くのではなく、仕事を遂行するためにやるべきことを考え、実行してみてください。

ＰＣスキルがなければ、ＰＣ関連書籍を購入して勉強するだけでも自信に繋がります。何もせずに自信がないと嘆いているだけでは、気持ちも明るくなりません。

不安があるからこそ努力をして、不安を解消しようとします。最初からできる人などごく僅かな人です。多くの人は、不安を払拭するために懸命にスキルアップをしているのです。

仕事に自信がないために明るい気持ちになれないならば、スキルを高めていくことで自信が持てるはずですが、現職の仕事に興味が持てず明るい気持ちになれないならば、仕事そのものについて考えてみる必要があります。

いずれにしても現状の仕事のスキルを高めることからスタートしてください。資格在りきではありませんが、資格取得が自信に繋がることもあります。スキルアップした変化を感じることで今より明るい気持ちになれるはずです。

真摯に仕事をおこなうことが成果に繋がります。

あなたの仕事のスキルアップを見ている人がいます。

ポイント

一つのことを極めてみるために努力をする。興味が持てなければ、ワクワクする仕事にチャレンジする。

SECTION
25

仕事って何なのかわからなくなる

仕事の捉えかたは人それぞれですが、仕事は人のために仕えることだと考えてみてください。人に満足を提供できることで、やりがいや存在価値を見出すことができます。

どんな仕事も、仕事の先には人がいます。やりたい仕事を追いかけるのは間違いではありませんが、やりたい仕事だけでなく、人により満足を提供できる仕事に就くことも考えてみてください。

どんな仕事も陽と陰があります。陰を陰と捉えず陽に繋がるやりがいだと捉えていくことで、仕事の面白さを感じるのかもしれません。

人のためになる仕事であれば、どんな仕事でも魅力があります。

人のためになる仕事であれば、必要のない仕事などありません。

やりたいこと、できることをさらに伸ばして、より人のために満足を提供してください。

何なのかわからなくなったら、難しく考えず目の前の仕事を精一杯おこなってみることも一つの方法です。

難しく考えても答えが出ないこともあります。

仕事で対象となる人に対して、あなたがどれだけ満足を提供できているか考えてみてください。

職種や対象となる人が違っても「ありがとう」と言われる仕事が、仕事の基本だと考えます。

ポイント

人に満足を提供し「ありがとう」と言われることで、仕事の価値観を見出すことができる。

SECTION 26

一人浮いてしまい息がつまりそう

周囲と上手く溶け込めず、仕事が嫌になることがあります。

周囲と会話ができず一人で浮いているのは辛いかもしれませんが、あなたを理解してくれる人を一人でもいいから見つけると気持ちが楽になります。

周囲と上手くやりたいと思わないならば、無理やり取りつくろう必要はありません。与えられた仕事を淡々とこなしていけばいいのです。

浮いてしまうことで息がつまりそうということは、一人でいたくないのかもしれません。毎日通う職場ですから、この先も改善の見込みがなく日々息がつまるようでは、健康面に支障をきたします。とりあえず3カ月間現在の職場で仕事を続けてみて、3カ月後も何も改善されないようならば、転職してみるのも一つの選択肢です。

但し環境を変えれば必ず上手くいくわけではありません。

ひょっとするとあなたのなかに周囲を寄せ付けないバリアがあるのかもし

れません。思い当たるならば、そのバリアを外してみて周囲との関係がどうなるか実験してみてから、転職を考えてみても遅くはありません。

バリアを外すということは、周囲から声をかけられるのを待っているのではなく、あなたから周囲に声をかけてみることです。

バリアを外すことで、相手も声をかけやすくなります。

注意したいことは、バリアを外して周囲との関係が良くなっても最初から気を許してあなたの全てをさらけ出すことは避けてください。

バリアを少し緩める程度からスタートしてみるといいでしょう。

ポイント

周囲を寄せ付けないバリアを少し緩めて、周囲の反応を見る。

SECTION 27

仕事でミスが多く嫌になってしまう

ココロの癖と同様に、仕事でもどんなところでミスをするのか分析してみてください。注意力が欠けているならば、メモなどを貼り確認をしながら仕事を進めることができます。上手く仕事が進まないならば、工程をきちんと押さえながら仕事をおこなうこともできます。

誰でも得意、不得意があります。苦手なことを克服するためには、自分は駄目だと嘆いているだけでは、いつまでたっても解決しません。

ミスについてきちんと分析をして、ミスが少なくなるような工夫をしてみると、仕事のミスは少なくなります。

嫌になってしまうということは、ミスに対して反省している証であり、ミスをミスと理解もせずのほほんとしている人より、ずっと立派です。

ミスが多いと自覚しているだけでも、今後向上していく可能性は十分にあります。

仕事でミスが多ければ、自己啓発することも考えてください。例えばＰＣスキルを高めるだけでも、仕事に自信が湧いてきます。知識が不足しているためミスが多いならば、専門知識を高めることもできるはずです。

ミスが多いと嘆いているだけでは、何も解決しません。嫌になって落ち込んでいる時間があるならば、スキルや時間を高めるためにやるべきことを実行してください。

いくら努力をしてもミスが改善しないならば、得意とする分野ではないのかもしれません。嫌になってしまう仕事をこの先ずっと続けるのではなく、できることは何なのか考えてみてもいいでしょう。

ポイント

ミスの原因を分析し、改善方法を見つけよう。それでもミスが減らなければ、できることは何なのか考えてみよう。

SECTION 28

やる気が出ない

やる気が出ないのに無理やりやろうとすれば、ストレスが溜まってしまいます。やる気が出ない原因がわかっているならば、その原因を払拭する必要があります。上司が無理難題を押し付けてくる、売上を上げろと言われてもそもそも売る商品がないなど、やる気が出ない原因がわかっているならば、いきなり上司に抗議をしないまでも、一度やんわり無理難題ができないことを上司に伝えてみることや、商材がなければ、なぜ売れる商品がないのか分析し改善方法を考えます。

疲れが原因でやる気が出ないならば、気分転換が必要です。休憩時間に10分間睡眠を取る方法や、大きく深呼吸をするだけでも気分が変わります。これまでやる気が出ないときどのようにして回復したか、思い起こしてみるのもいいでしょう。あなたが大切にしている人を思い浮かべることでやる気が起きることもありますし、とにかくぐっすり睡眠することで回復するケースもあ

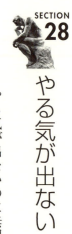

ります。

周囲の期待に応えられないときも、やる気が失せてしまいます。期待に応えようと頑張っても思うような成果が上げられないと気持ちが沈んでしまいますが、期待に応えられない自分を責めずにどうしたら応えられるか考えてみてください。多くのことをいっぺんに言われたり、わかっていることを何度も言われるだけでやる気がなくなるときがあります。そんなときは、無理をせず自分のペースでやればいいくらいの気持ちで臨んでください。

なんとなくモヤモヤした気持ちでやる気が出ないときは、デスクに好きなキャラクターグッズを置いて眺めてみたり、好きな写真で癒されるのもいいでしょう。

ポイント

休憩時間に10分間睡眠を取る方法や大きく深呼吸する方法など、自分のやる気の出し方を考え実践してみる。

SECTION 29

営業成績が振るわず悩んでいる

営業経験は、仕事をしていくうえでとても重要な経験です。仕事は人との繋がりで成り立っており、その繋がりの最先端にいるのが営業担当者なのです。なぜ成績が振るわないのか考えてみてください。

周囲の誰もが振るわないならば、あなただけの問題ではありません。

あなただけ成績が振るわないならば、改善策を講じなければ、この先さらに悪くなってしまうかもしれません。

年齢がそれほど離れていなくて成績の良い営業担当者を、チェックしてみてください。可能であれば、日々の行動から会話の進め方までチェックして、まず真似てみるところから始めてください。優秀な営業担当者の良い部分をモデリングすることで、成績が伸びるケースがあります。

真似をするのは嫌だ、自分の営業スタイルで営業すると考えるかもしれませんが、営業スタイル云々の前に売上がどうしたら上がるか考えることが大切です。自分流の営業スタイルなどと語るのは、トップセールスに任せておけばいいのです。

1週間モデリングをすることで、成績の良い営業担当者の行動特性を見極めることができます。あなたと違う行動特性や営業手法に気が付いたら、とりあえず同じような営業手法で営業活動をおこなってみてください。

営業について、もっと泥臭く地道なものだと捉えて、売上を上げる方策を実践することが大切です。

ポイント

成績の良い営業担当者の言葉や行動特性をモデリングして、営業活動を実践してみる。

SECTION 30

会社の業績が悪くて不安だ

会社の業績が悪くなると、社内の雰囲気が悪くなり不安が増します。社員から経営陣が悪いと非難の声が聞こえることもあります。会社で置かれている立場により違いますが、業績を回復するためにできることを精一杯打ち込んでみてください。

業績が悪くなるとすぐに転職を考える方がいますが、業績不振で辞めた応募者が業績不振を挽回するために何をやったかが問われます。業績不振に陥る経験は、誰もが経験できることではありません。業績不振を挽回した経験は、間違いなく今後の大きな糧になります。

業績が悪くリストラされる場合は、リストラされたから仕方がなく転職ではなく、リストラをきっかけに今後できることで頑張っていきたいという意欲が求められます。不安を払拭するために、いまできること、やるべきことに打ち込んでください。

企業の業績が永遠に良いことなどありません。どんな企業でも良いときもあれば悪いときもあります。一喜一憂せず、社内の暗い雰囲気に流されず、黙々と仕事をすることです。

人生は、良いときも悪いときもあります。現状が悪いならば、後は上がっていくだけだと信じて行動してください。

良いときは、だれがやっても良いことが多いのですが、悪いときこそ、その人の力量が試されますので、力の見せ所です。

仮に倒産しても、経営陣でなければ経営責任は問われませんので、そのときは転職すればいいだけのことです。

ポイント

周囲の雰囲気に呑まれず、やるべきことを黙々とこなす。業績不振を挽回した経験は、今後の大きな糧になる。

SECTION 31

社員が少なく辞められない

社員が少なく休日が取れずに仕事を続けなくてはいけない状況では、いずれ間違いなく体調を崩してしまいます。周囲の社員も同様な状況であれば、会社に直訴してみてください。会社から誠意のある回答がなく、人がいないから仕方がないなどの返答であれば、この先も同様の状況が続く可能性があります。繁忙期だけの忙しさであれば乗り切ることができても、ずっとこの先も変わらないならば、転職を検討すべきです。

同僚も休みが取れない状況のなかで、自分だけ辞めていくのが申し訳ないと考え転職を躊躇する方がいますが、あなたが責任を感じることではなく、社員を増員しない企業側に問題があるのですから、引き継ぎをおこない就業規則に基づき退職手続きを取ればいいのです。

休みが取れない状況が続くと、冷静に判断できなくなり、転職しようとする考えそのものができなくなることもあります。

辞められないという脅迫観念で仕事を続けていけば、間違いなく体調を壊し破たんします。病気で休みをとって罵倒される企業であれば、無理をして仕事を継続する必要はありません。

退職届を提出しても受理してもらえないならば、労働基準監督署に相談をしてみてください。退職を申し出ることができない状況であれば、有料ですが、退職届を代行するサービスもあります。

休みが取れない、残業支給対象者でありながら残業代が支払われないという企業は、どんなに立派な経営方針や商材を持っていてもブラック企業です。辞めさせないということは法律で認められていませんし、民法では退職届を出して2週間経過すれば退職は成立します。有料になりますが、退職届を代行してくれる企業もあります。

ポイント

現状が今後も継続し改善の見込みがないならば、転職を検討する。

SECTION 32

実現不可能なノルマを課せられる

　明らかに実現不可能なノルマを課して、達成できない社員を罵倒するような企業であれば、休日が取れない企業と同様に転職を検討してください。

ノルマが達成できないため、自費を投じて商品を購入しなければならない、あるいは大幅な減給になるような企業であれば、この先も長く働くことはできません。転職が面倒だと考えてずるずる在籍していれば、体調を崩してしまい転職どころではなくなってしまうかもしれません。

　達成できないノルマを課すだけであれば、社員に奮起してもらいたいためだとも受け取れますが、達成できないためペナルティを課すような企業であれば、速やかに転職すべきです。

　そもそも売れないことの分析を怠り、目標だけ打ち出すような企業は、この先長いことはありません。

　ノルマを達成できない理由で、自社の商品を購入させる企業になぜいつまでも在籍しているのでしょうか？

地名度や企業規模が大きくても、利益を優先して社員の幸せを考えない企業であれば、仕事を継続する意味など全くないのです。こういった企業に限って、短期間で辞めれば転職できないと脅かすケースがありますが、転職は、前職の在籍期間だけで決まるわけではありません。転職先企業で発揮できる能力をアピールし欲しい人材になれば、十分採用される可能性があります。前職の在籍期間が短くても事前の話しと違っていたため短期間で辞めたと説明することで、何ら問題ありません。実現不可能なノルマを課せられて、この先もずっと給与を削って自社商品を購入していくべきなのか、よく考えてみてください。

ポイント

ノルマを達成できず自社商品を社員に購入させる企業に明日はない。

SECTION 33

目標が達成できない

どんなに頑張っても自分一人の力では達成できないことがあります。目標が達成できない原因を冷静に分析してみてください。販路が見つけられない、商材に魅力がない、クロージングが弱いなど思い当たる理由を書き出し、どうしたら解決できるか考えてみましょう。

例えば営業で販路が見つからないとき、旧態依然として飛び込み営業をおこなっていることが原因かもしれません。見込み客を有料で紹介するビジネスなども伸びていますので、固定観念に捉われず販路を見つける方法を検討してください。

商材やサービスに興味が持てず目標を達成できないならば、仕事の姿勢について考えてみる必要があります。無理やり好きになろうとしても好きになれませんが、本来商材やサービスに対して魅力を感じていなければ、顧客にその気持ちが伝わり売上は伸びません。興味が持てなくても転職せず仕事を続けていくならば、魅力があるように演じたうえで、ひたすら数字を伸ばすことに気持ちを集中させるべきです。

目標を達成するためにやるべきことを具体的に書き出します。目標を達成したときの自分の姿をイメージしてください。

何の苦労もなく達成できるような目標は、そもそも目標ではありません。達成するために悩み苦労することが、間違いなく今後の人生に役立ちます。

営業に限らず目標がない仕事では、良い成果は期待できません。仕事で与えられている使命を認識したうえで、目標を達成するための方策を考え達成に向けて、諦めずに積極的に行動してください。

ポイント

目標がない仕事では、成功は考えられない。
目標を達成したときをイメージし、原動力とする。

SECTION
34

一人ぼっちの昼食に寂しさを感じる

仲のいい社員同士で連れ添って昼食に行く状況のなかで、いつも一人で昼食を取ることは少し寂しいかもしれませんが、各自各々が昼食を取る環境であれば、一人の食事を楽しんでください。

いつも昼食は社員と一緒というのは、別の見方をすればすごく疲れます。自分の意志で昼食場所を選択できないことや気を使いながら昼食を取ることが、ストレスになるかもしれません。ましてや上司と一緒に行く昼食では、仕事の延長のような時間になってしまい気が休まりません。

無理やり一人になる必要はありませんが、一人を寂しいと捉えず、自分の好きな場所で、自分自身の時間が持てることの良さを実感してください。

仲よしこよしの集団で食べる昼食が、必ずしも楽しいわけではないのです。学生ならば友人同志の食事も楽しいですが、企業の仲間は、友人同志ではありません。

無理やり昼食の輪に入る必要などありません。誘われて行きたいならば、行けばいいのです。誘いを断ることで人間関係が悪くなるくらいならば、最初から良好な人間関係は築けません。

逆にどうしても一人の食事が寂しいならば、気軽に声をかけてみればいいのです。断られても気にすることなどありません。相手も自分の時間を大切にしたいのかもしれません。

社内の昼食時間が休憩時間だと捉えれば、どうしたら一番休まるかを第一に考えてください。

ポイント

集団で食べる昼食が、必ずしも楽しいわけではないので、一人の時間を楽しむことに気持ちを切り替える。

SECTION 35

周囲の社員のレベルが低い

どのような部分で、社員のレベルが低いのか考えてみてください。話しの話題が合わないという意味であれば、良好な人間関係を構築できない問題をレベルに置き換えているのかもしれません。学歴が低いことでレベルが低いと捉えているならば、仕事の成果や能力についても見極めてください。

もちろん学歴が高く優秀な社員も多くいますが、そうでない社員もいるのです。仕事では学歴以上に実務能力が重視されます。

別の見方をすれば、レベルの低い会社だからこそ頭角を現すことができるチャンスがあります。優秀な人材が多くいる企業では目立たない存在でも、該当する人材がいないことで、やりたい仕事ができるのです。

人は一つのモノサシだけでは判断できませんし、簡単にレベルが高い、低いなどと決めつけるべきではありません。レベルが低いと感じているならば、まずは現職でトップを目指してみてください。

レベルが低いと安易に語る人の多くは、現職で目標を達成できないとき、労働環境が悪い、商材が悪い、経営者が悪いなど別の問題に置き換えて責任転嫁する人なのです。

周囲の社員ではなく、あなた自身の現職における会社への貢献度はどうなのか、自問自答してみてください。

それでも適正に評価されずこんな会社にいるべきではないと考えているならならば、悶々とした気持ちで過ごさずさっさと転職をすべきです。

ポイント

仕事のレベルは一つのモノサシでは捉えられない。周囲ではなく、自らの企業への貢献度を検証してみる。

SECTION
36

同僚と上手くいかない

同僚と上手くいかない原因が思い当たらないならば、相手に対してライバル意識が過剰ではないか考えてみてください。良きライバルというのは表向きであり、闘争心をむき出しにしていれば人間関係は上手くいくはずがありません。少なくても企業のなかで先輩や後輩以上に本音で語れるのは同僚のはずです。

無理やり人間関係を修復しようとすれば、益々こじれてしまうことがありますので、付かず離れずの関係でいてもいいかもしれません。

同僚だからと気を許し過ぎるのも問題です。社員の悪口を言えば、あることないことあっという間に広まってしまう可能性があります。同僚は、友人とは違いますので、気を許し過ぎて何でも気軽に話すことは避けたほうがいいでしょう。とはいえ、飲み会などの誘いがあれば、全て参加する必要はないものの適度に参加してみるのもいいでしょう。参加することでこれまで知らなかった社内の情報を得ることもあります。

同僚との人間関係などそれほど気にしていないならば、一定の距離を置きながら付き合う方法もあります。

良好な人間関係を築く努力をせずに、上手くいかないことを嘆いているようでは、人間関係だけでなく仕事も上手くいかないでしょう。

仕事だけではありませんが、一人で成果を築くことはまずできません。周囲の協力やサポートがあり成り立つものだと捉えれば、社内で一番身近な同僚と良好な人間関係を築くべきです。

ポイント

仕事は周囲のサポートがあって上手くいく。社内で一番身近な同僚の存在を大切にする。

SECTION 37

先輩と上手くいかない

先輩と上手くいかない場合、先輩に対する態度について考えてみてください。年齢が離れていないからと言葉遣いに気を使わなければ、生意気な後輩だと受け取られているのかもしれません。

また、当たり前のように教えてもらいながら、成果は自分のものという姿勢では、先輩が後輩社員と距離を置きたくなります。

人間関係は、些細なことで上手くいかなくなります。先輩に冗談のつもりで言った一言が相手の心を傷つけることもあります。

先輩の立場で考えてみてください。普段あまり気にしない言動も、相手の立場から捉えてみると、すごく失礼にあたると感じるかもしれません。

先輩のなかには、先輩意識が強く、言葉には出さないものの後輩の生意気な言動が気になるケースもあります。

後輩社員として謙虚さを持って接していますか？

最近、先輩と上手くいかない理由がどうしてもわからなければ、謙虚な姿勢で直に先輩に聞いてみる方法があります。後輩のことを思う先輩であれば、あなたから問いただすことで、本心の言葉を聞くことができます。

先輩の指摘について、「でも・・・」と言い訳から入れば、先輩社員は今後あなたに関わりたくはないと考えます。仮に理不尽なことでも、こちらから問いただしたのであれば、言い争いにならないように注意してください。

納得のいかない先輩であれば、自分が先輩になったときのそのような先輩にならないと肝に銘じて、後輩への言動で示せばいいのです。

ポイント

先輩に対する態度や言動を検証し、先輩の立場になり考えみる。

SECTION
38

上司と上手くいかない

上司との人間関係がこじれるとやっかいです。なぜなら部下にとって上司は選べず、上司と部下というヒエラルキーが発生するからです。

上司の人間性に問題があれば、この先も修復は難しいかもしれません。付かず離れずの関係で、上司が変わるまで待つしかないのです。

上司としてリスペクトしていなければ、上司は部下の気持ちを察して良い関係はなかなか構築できません。

部下から上司が選べないのであれば、少なくてもやるべき仕事を忠実にこなすべきですが、上司の権限を利用して理不尽なことやパワハラなどをおこなうようであれば、何らかの対応が必要になります。

大きな組織であれば、社内に告発できる部門がありますので、相談をしてみてください。

小さな企業で今後上司が変わる見込みがないならば、上司が辞めない限りずっと問題が継続します。

これまでの上司への言動を振り返り反省すべき点があれば反省すべきですが、上司の期待に応える成果を出しても、関係が変わらず耐えられないならば、転職を検討すべきかもしれません。

上司と上手くいかないために、仕事をするうえで大きなマイナスになることもありますが、できない上司ならば、できる部下が上司以上の成果を出して、将来上司のポジションを奪い取ることも可能かもしれません。

現在の状況や将来像を想像したうえで、やるべきことを考えてみてください。

ポイント

原則として上司との関係はなかなか修復できない。上司が変わる予定がなければ、上司を追い出すか転職を検討する。

SECTION 39

部下と上手くいかない

　部下との関係が上手くいかないと、部下との距離を置きがちになりますが、距離を置けばおくほど、部下の本音がわからなくなり益々上手くいかなくなります。部下とのコミュニケーションを取ることが重要ですが、良好な関係ではないなかで上司として上から目線で話しをすれば、余計に関係がこじれてしまいます。

　関係を修復するためには、部下の本心を冷静に聞くべきです。話した内容が上司に対して理不尽なことでも、いきなり激怒すれば、今後修復はできなくなります。育てようという気持ちが、部下にとって負担になることがあります。部下の視点に立ち、上司の自己満足になっていないか考えてみてください。

　どうしても修復できなければ、あえて修復しようとはせずに、淡々と上司と部下の関係で仕事をするしかありませんが、部下に全面的に任せているという姿勢ならば、任せて失敗したら上司が責任を取ることを、言葉だけでなく実践すべきです。

部下は上司の言動を常に見ています。

言っていることがコロコロ変わる、上司と部下の態度が極端に違う、感情をすぐに露わにすると感じれば、部下は上司と認めていないのかもしれません。

あなたが部下だったら、部下から上司がどう見えるか考えてみると、今後のヒントになります。

少し時間をかけてでも、上司と部下の良好な関係を築いていくことを考えてみてください。

ポイント

部下は上司の言動を常にチェックしている。
表と裏がある上司では、部下と良好な関係は築けない。

SECTION 40

企画がいつも通らない

企画がいつも通らないと仕事の意欲が失せてしまいますが、企画が良くても社内の根回しが上手くおこなわれないと通らないことがあります。

その企画が全社員にとってメリットがあればいいのですが、一部の社員にとって不利になる企画ですと、間違いなく反対をされてしまいます。

予め企画を通すキーマンに、打診をしてみてください。

キーマンに説明したうえで、最初から企画有りきではなく、意見をお伺いしたいという姿勢で臨んでください。そして状況によっては、企画メンバーとして仲間に引き込んでしまいます。

キーマンへの根回しと段取りが上手くいかないと、なかなか新しいことへ賛同は得られません。多くの人が変化より現状維持を好み、大きな変化がないことを根底では望んでいるからです。

企画が上手くいかないケースとして、自分の手柄として評価されたい姿勢が強いと、周囲の人間から好感を持たれず、なかなか企画は通りません。

仕事で成功するためには、周囲の人間を巻き込み応援してもらえる体制を構築することです。そのためには高飛車な態度ではなく、素直な気持ちで協力してもらいたいことをお願いします。

根回しや周囲の協力の他に予算についても検討してみてください。どれだけ素晴らし企画でも費用対効果が悪ければ、なかなか企画は通りません。数字を意識していることを示しながら、企画を提案すべきです。

斬新な企画は最初反対もありますが、腐らず、諦めず、根気良く提案すべきです。

ポイント

キーマンへの事前の根回し、周囲の協力、費用対効果を意識して企画を通す。

SECTION 41

正当な評価をされない

会社で正当な評価を得られていないと感じたとき、冷静になぜ評価されないのか考えてみてください。

評価が上司の好き嫌いで決まってしまう、曖昧な評価基準で評価される、過去の仕事のミスがいつまでも尾を引いている、そもそも評価基準がない、年功序列型の企業で評価は重要ではないなど、さまざまな理由があると思います。

企業貢献度が高いのに明らかに評価されていないときは、直属の上司に謙虚な姿勢で、評価基準や自分の評価について尋ねてみるのもいいでしょう。上司に尋ねても納得がいかないならば、転職という選択肢があります。

年功序列型で実績を重要視しない企業では、本人の能力ではなく年齢や在籍期間を重視する傾向があります。本人の能力を重視する絶対評価の企業でなければ、なかなか満足のいく正当な評価は得られないかもしれません。

絶対評価で給与や賞与が大きく変わる企業は、厳格な評価基準がある反面、成果や実績を重視しますので、企業が求めるものに到達しなければ、待遇面などが大幅に下がる場合もあります。

企業実績がより重要になっていくなかで、これまで年功序列型の企業でも実績や成果で評価する絶対評価に変わっていきます。現職の評価基準を改めて確認をしたうえで、まずは現職でベストを尽くしてより必要とされる人材になることを考えてみてはいかがでしょう。

必要とされる人材であっても評価方式が変わらず仕事のモチベーションが上がらないならば、そのときは実績主義の企業へ転職することを考えてみるべきです。

ポイント

年功序列型の企業では、評価が曖昧になるが、今後企業は実績を重視する絶対評価へ変わっていく。

SECTION 42

学閥があり将来が暗い

学閥がある企業では、学閥に該当しない社員は、相当な実力がないとなかなか評価されません。

将来が暗いからと投げやりになるのではなく、ウリとなる能力を高める努力をしてください。右肩上がりの時代ならばまだしも、今後国内外の企業間の競争が激しくなるなかで、これまでのように学閥を重視した人事だけでは、企業は継続していけない時代になっていきます。この点を考慮すれば、現職で能力を発揮し実績や成果を積み上げていき、昇格していく道もあるはずです。

一方現職が安定しているならば、学閥や昇格など気にせず現職に留まりながら別の生き方を模索していってもいいでしょう。

副業が認められているならば、現職で仕事をしながら副業に力を注ぐこともできますし、趣味を生活の中心に置くことも可能でしょう。

企業における昇格は自分の思うようにはなかなかいかず、学閥だけでなく、人脈や派閥なども関係してくることがあります。

特に40代になると、現職における将来像が見えてきます。40代で昇格の道に乗れなければ、この先逆転するのはなかなか厳しいものがあるかもしれません。

仕事で何を重視するのか考えてみてください。重視することが昇格であり現職で昇格の見込みがないならば、自社に留まるべきか考えてみるべきですが、仕事の他にやりたいことがあるならば、あえて昇格を目指さずやりたいことに打ち込む道もあります。

ポイント

将来何をしたいか考えたうえで、昇格したいならば自社で相当な成果を構築するか、他社への転職を検討する。

SECTION 43

社内で疎外感を感じる

ちょっとしたことが理由で、周囲の社員から疎外されることがあります。つまらない理由であってもそのことが原因で、周囲の社員の対応が冷たくなってしまいます。一種のいじめですが、無理に改善しようとすればするほど、余計人間関係がこじれてしまいます。

このような状況では、親分肌の人間が先導していることが多く、周囲の社員も自分が嫌われたくないため、仕方なく同調してしまうのです。

これは明らかにいじめであり改善する見込みがなければ、転職も視野に入れてください。理不尽な対応をされてなぜ自分が辞めなければいけないのかと考えるかもしれませんが、そもそも劣悪な社員がいる企業でこの先仕事を続けてもいいことはありません。企業では、社員同士のコミュニケーションが重要ですが、コミュニケーションが満足にできずストレスが増していけば、体調を崩してしまうことも考えられます。

一方、特に問題のある社員がいるわけではなく、社内が暗い雰囲気の企業もあります。仕事内容がそれほどコミュニケーションを必要とせず各々が無言で仕事をしている状況ですが、このような環境であれば、疎外されているわけではありませんので、その雰囲気に馴染むことが先決です。

企業は、学校と違い様々な年齢の社員が在籍し、役職による上下関係もありますので、仲良くおしゃべりをする学生の雰囲気とは違います。

本当に阻害されているのか、仕事内容や社風が原因なのか考えてみてください。特定の個人や集団により疎外されている場合は、そんな社員が在籍している企業に留まる必要はありません。

ポイント

疎外されている理由を分析する必要があるが、仕事内容や社風が原因のケースもある。

SECTION
44

仕事の将来像が見えない

多くの人が、数年先なら何となくイメージできるものの、遠い将来は予測できません。

現職の仕事が可もなく不可もなく嫌でなければ、遠い将来が見えないことに悩むのではなく、今おこなっている仕事に打ち込んでみてもいいでしょう。

新卒で総合職として採用されてジョブローテーションがある企業であれば、これから様々な仕事を経験していきます。仕事をしていくなかで、極めていきたい仕事が見つかるかもしれません。そのときに現職で極めるのが難しければ、転職という選択肢もあります。

毎日の仕事が忙しいと目の前の仕事を何とかこなすことで精一杯かもしれませんが、日々の仕事に打ち込むことで、将来のなりたい自分が見えてくるのです。答えを急ぐ必要はありません。

これまでのように60歳定年で仕事をリタイアする時代ではなく、70歳を超えても仕事を続けていく時代であれば、40代、50代で全く異なる仕事を選択する道というのもあるでしょう。

将来の働き方も会社員ではなく、雇われない生き方という選択もあるかもしれません。

将来像が見えなければ、無理やり見ようとしなくてもいいのです。現職の仕事に打ち込んでいくことで、見えてくるものがあるはずです。

ポイント

70歳を超えて仕事をする時代では、将来像は必ずしも一つではない。現職の仕事を継続してくことで、なりたい自分が見えてくる。

SECTION 45

取引先を怒らせてしまった

取引先を怒らせてしまったら内密に処理しようとはせずに、まずは上司に報告したうえで、トラブルを解消するために最善を尽くすべきです。

通常社内規定に準じて行動すべきですが、言い訳や責任転嫁などせず、まずは取引先に謝罪をして問題改善に向けて行動します。

誰が悪いと言い訳をする時間があれば、トラブル解消に全力を注いでください。クレームは、企業の財産です。顧客は、企業が良くなるための多くのヒントをくれます。

理不尽なクレームであれば、毅然とした態度で行動すべきですが、明らかに自社に非があるならば、きちんと謝罪をしたうえで、改善策を講じるべきです。

誰でも頭を下げることは嫌なことかもしれませんが、間違いや誤りに対してきちんと謝罪できる人材は、間違いなく将来伸びていきます。

上手くいっているときには、それほど人間性や能力の違いがわかりませんが、トラブルのときにその人の本質が見えます。

トラブルが起きたとき真っ先に責任転嫁するような上司であれば、いずれ上司としてのポジションを失うかもしれません。

取引先のトラブルは、言い訳に終始し社内に目を向けるのではなく、顧客である取引先に真摯な態度で向き合ってください。

大きなトラブルを克服することで、より強固な取引先との関係が構築できるケースも多くあります。

ポイント

取引先に真摯に向き合い、謝罪とできることをすぐに実践する。

SECTION
46

復職できるか心配だ

病気や怪我などで長期の休職から復職する場合、以前のように仕事ができるか不安になります。

育児休暇による復職であれば、病気による休職と違い比較的復帰しやすいのですが、病気による復職では、以前と同じように仕事ができるとは限らず、長期間休んだという負い目が原因で、周囲の目が気になることもあります。

精神的な病気になり休職した場合、復職しても再び病気になるのではという不安もあるかもしれません。休職前の仕事が少なからず病気に影響しているならば、配置転換など相談してみる方法もあります。

休職期間中に転職活動をおこなう方がいますが、できれば復職後に転職すべきです。休職中であることを伝えず転職活動をしても、長期間の求職の場合、転職先企業へ提出する源泉徴収票の金額が少なく、不審に思われることがありますし、休職期間中に転職活動をおこなう姿勢に好感を持たない企業もあります。

生活していくなかで、誰もが病気や怪我になる可能性があります。復職するときは不安もあるかもしれませんが、復帰してしまえば、また以前のように仕事ができるはずです。

上手くいくかどうか必要以上に悩まず、上手くいかなければ転職すればいいというくらいの気持ちで復職してください。

ポイント

必要以上に悩まず、上手くいかなければ転職という選択肢もあると考えて復職する。

SECTION 47

会社へ行きたくても行けない

会社へ行きたくてもどうしても行けないとき、決して無理に行こうとしないでください。精神的に辛いならば、心療内科や精神科を受診して少し休養しましょう。上司に連絡を取り有給を使って休むか、休みが長期間になるならば休職の手続を取ることもできます。どちらにしても無断で休むのではなく、体調が思わしくない実情を上司に伝えてください。

周囲の人間から「行かなければ駄目だ」「責任感がない」「頑張れば行ける」などと言われるかもしれませんが、行けるようならば行っているのです。行けない状況を安易に捉えず、早めに医者に診てもらう必要があります。

真面目に頑張ってきた方が上司からの思いやりのない一言で、行けなくなることがあります。長時間の残業や休日出勤が続き、身体が動かなくなることがあります。社内の人間関係に疲れて行けなくなることがあります。

行けなくなる理由は様々ですが、身体がＮｏと言っていることは、まぎれもない事実なのです。無理をせず暫く休暇を取り今後について考えてみてください。

休みなど取れない状況だと上司から言われ出社を促されても、行けないものは行けないときっぱり断ってください。

行きたくても行けない状況を理解せず、ただ頑張ればできるはずだと言う企業であれば、長く勤務する価値がある企業かどうか疑問です。

この先仕事に就けないという恐怖心を持つかもしれませんが、健康になれば仕事に就くことは十分可能です。

今はとにかく休息を取ることを最優先してください。

ポイント

決して無理をせず休暇を取り、精神的なものであれば心療内科や精神科を受診する。

SECTION 48

疲れた自分の表情に幻滅した

映し出された自分の表情が疲れていて幻滅したならば、現状を打破することを考えなければいけません。何かをやり遂げたときの心地良い疲れの表情であれば気にする必要はありませんが、現状に満足せずやつれているならば、今後どうすべきか考えてみてください。

現職が原因で社内異動の申請が可能であれば、疲れがピークに達して健康を害する前に行動に移してください。

現状に満足していないことが疲れた表情の原因であれば、心が転職すべきだと伝えているのかもしれません。安易に転職をすべきではありませんが、この先ずっと仕事を続けていくなかで、疲れた表情のまま過ごしていくのはとても残念です。

疲れている原因が仕事内容や企業体質にあり、今後も変わる可能性がなければ、仕事で何を優先したいのか考えてみましょう。

どんなに一流企業でも覇気がなく疲れた表情で仕事を続ける環境ならば、転職も一つの選択肢です。

転職活動をしたからといって、必ず転職しなければいけないわけではありません。転職市場価値を知る意味で求人情報をチェックして転職活動を始めてみてください。転職活動をおこなうことで、自分の市場価値を理解できますし、同職種への転職でも、環境が変わることで全く違う働き方ができるケースもあります。

大切なことは、疲れた表情の自分をそのまま放置せず、改善に向けての一歩を踏み出すことです。

ポイント

疲れた表情を分析し、現職で改善できないならば、転職市場価値を知るためにも転職活動をスタートする。

SECTION 49

やりたい仕事ができない

入社前の話しと違い、異なる職種や部門に配属されてやりたい仕事ができないならば、この先ずっとできないのか、できるとしたらいつからなのか、具体的に確認をしてください。企業のなかには、営業が不足しているけれども営業で募集をしてもなかなか集まらないため、企画職などで募集するケースもあります。回答が曖昧で現在の職種を続けるつもりがないならば、短期間であっても転職すべきかもしれません。

入社時の話しと相違がないものの、自社で違う仕事がしたい場合も同様に、信頼がおける上司に相談をしてみてもいいでしょう。

自社でこの先もやりたい仕事ができないならば、転職するしかありませんが、転職でやりたいことだけやる人材だというイメージを与えれば、採用されることが難しいかもしれません。企業は、柔軟に対応できる人材を求めることが多く、特別な能力がある場合は別ですが、異動をさせにくい人材をあえて採用したいとは思わないのです。

やりたいことが未経験の職種であれば、未経験で就ける職種なのか転職市場をリサーチしたうえで転職すべきです。

仕事は、やりたいことだけやればいいものではありません。むしろやりたくない仕事のほうが多いと思います。

やりたい仕事ではなくても、続けていくことで、面白さを見つけるケースもあります。目の前の仕事に全力を注いで能力を発揮していくことも検討してください。

ポイント

やりたい仕事だけやればいいものではなく、やりたくない仕事でも能力を発揮することで適職になることがある。

SECTION 50

給与が安くて生活が苦しい

現職で今後も昇給の見込みがないのか考えてみましょう。現職でどうしたら昇給できるのか検討するだけでなく、理想とする先輩社員の現実がどうなのか、見極めてみてください。

現職で昇給のチャンスがあるにも関わらず、能力が足りず給与が低いならば、昇給できるくらいの知識や技術を身につけることが先決です。

今後も昇給の見込みがなく生活が苦しいならば、給与に合わせた生活水準で生活するか、給与が高い企業へ転職する方法しかありません。

自分の実力がどの程度なのか見極めるうえでも、求人サイトでこれまでの経験が生かせる仕事で給与が高い求人を見つけて、応募してみてください。

転職活動が思うようにいかない場合、高い給与に見合う職務能力がないのかもしれませんので、まずはスキルを高めることを考えてもいいかもしれません。誰でもできる仕事から、自分しかできない仕事を増やしていくことで、企業内や転職市場の価値が上がり昇給に繋がります。

優先度が給与であれば、営業職などで売上に準じてインセンティブが支払われる仕事に就くべきかもしれません。売上により給与の変動があるため、売上を上げることができれば高い給与が期待できる反面、逆に下がる可能性もあります。

現職で副業が認められているならば、副業で生活費を補うこともできます。土日も働くようでは健康面が心配ですが、最近は副業を認める企業も増えてきていますので、確認をしたうえで収入アップのための副業をおこなうことも検討してみてください。

ポイント

現職で給与アップが難しいならば、転職市場価値を知ったうえで転職や副業を検討する。

SECTION
51

退職勧奨を受けた

退職勧奨は退職したほうがいいと勧奨されることですが、解雇とは違い、受け入れるかどうかは社員側に委ねられます。退職勧奨を拒み会社と争うこともできますが、能力が満たないなど納得できる理由であれば、受け入れるべきかもしれません。

退職勧奨は、退職勧奨による退職として失業給付金も自己都合の退職に比べて早く支給されます。企業のなかには、今後のキャリアに影響するので自己都合で辞めるように言われることがありますが、その場合、離職票は自己都合による退職と記載されますので、失業給付金の待機期間が長くなります。

退職理由について納得がいかなければ、会社に申し出てください。

なぜ退職勧奨を受けたのか、冷静に考えてみてください。スキルや知識の不足があるならば、今後転職しても同じような問題が起きる可能性がありますので、自己啓発してでも今後に向けて修正してください。思い当たることがなく、会社の業績不振を理由にするならば、業績不振を理由に特定の社員を辞めさせるものではありませんので、抗議をすべきです。

企業側は、辞めてもらう意図があるものの就業規則に定めた解雇要件に該当しないため、退職勧奨として退職を促しています。退職を拒み争うこともできますが、嫌な気持ちで仕事を続けるのは得策ではありません。

退職をして職業訓練を受けて技術や知識を高めて転職する方法もあります。辞めさせられるというのは、本当に悔しいものです。退職勧奨を受けた企業に対して将来見返してやるくらいの気持ちで転職活動をおこない、新たな環境で仕事をしてください。

ポイント

退職勧奨を受け入れるか否かは社員側にあるが、思い当たる理由があり納得できれば新たな道を探す。

SECTION
52

リストラされるのではと不安だ

社内でリストラが行われると、次は自分なのではと不安になりますが、企業は一つだけではありません。現職の仕事にベストを尽くしてそれでもリストラする企業であれば、こちらから見切りをつけるくらいの気持ちでいてください。但し退職金の上積みがある早期退職者募集などについて、特に中高年の方は、慎重に検討すべきです。売り手市場でありながら中高年の転職市場は厳しいものがあり、すぐに転職先が決まるとは限りません。

若年層に活躍してもらうフィールドを用意したいといった聞こえがいい言葉でも、実は高い賃金の社員を辞めさせて企業の利益を確保したいという企業側の意図が見え隠れしています。再就職支援会社がフォローするから大丈夫だという企業側の説明を鵜呑みにせず、自ら転職活動をおこなってみて、転職市場価値を見極めてください。

再就職支援会社が紹介する企業が必ずしも正社員雇用ではなく、正社員登用の道がある契約社員雇用というケースがありますが、具体的に正社員に登用されるための条件を確認したうえで判断すべきです。

また、辞めて事業を起こすことを考える方がいますが、慎重に判断すべきです。事業が上手くいかなければ、割増の退職金もあっという間に吹っ飛んでしまいます。

リストラされることに納得できなくても、遅かれ早かれ上手くいかなくなる企業であれば、受け入れるという選択肢もあります。

時間的な問題もありますが、できれば転職先企業を決めてから退職したいものです。予めリストラされる不安があるならば、転職活動をスタートしてブランク期間がないように転職できる体制を構築してください。

ポイント

リストラされる不安があるならば、転職活動をスタートして次の道を探し始める。

SECTION
53

転居を伴う転勤はしたくない

転居を伴う転勤はしたくない場合、就業規則を確認してください。採用時にエリア採用などで転勤がない条件で採用されている場合は別ですが、就業規則に転勤がある旨明記されていれば、原則として拒むことはできません。

会社から籍を抜き別の会社に勤務する転籍であれば、社員の承諾が必要ですので拒むことも可能ですが、異動による転勤であれば、拒むことで解雇になる可能性もあります。

親の介護など特別な事情がある場合は配慮してもらえる可能性がありますので、上司に相談をしてみるといいでしょう。但し特定の社員だけ、長期に渡り転居を伴う転勤が免除されるというのは問題が生じる場合があります。

転居を伴う転勤を拒むことで社内の居心地が悪くなり、さらに社内における評価が下がるのであれば、転職を考えてみる必要があるかもしれません。

但し転勤がない企業が簡単に見つからない可能性があります。原則として全国各地に支店がある企業への転職は難しく、地元の企業が中心となります。特定のエリアのみの勤務という条件で募集をおこなう企業もありますので、求人情報をチェックしてください。

企業に勤めている限り異動はつきものですが、異動の捉え方で気持ちが変わります。どうせ異動するならば、異動は同じ社内であっても職場環境が変わる転職のようなものだと考えて、新たな出会いや仕事におけるステップアップにワクワクした気持ちで臨むべきです。どうしても異動や配置転換をしたくないという方の究極の解決策は、事業主として独立する方法です。自分が事業主であれば、転勤や異動はありません。今すぐでなくても、独立をして地元で仕事をおこなう道も検討してみてください。

ポイント

異動は、原則として拒めない。就業規則を確認したうえで、どうしても難しい場合は、上司に相談をする。

SECTION 54

60歳以降の仕事が心配だ

年金支給開始時期が65歳になることもあり、希望すれば65歳まで働くことができるようになりましたが、60歳で定年を迎えて契約社員として大幅な減給で再雇用されるケースが多いようです。60歳以降も自社で減給なく働けるのであれば心配する必要はありませんが、年収がダウンし、さらに周囲から煙たがれる環境であれば、今から60歳以降の仕事について考えてみるべきです。現状60歳以降の求人の多くが、最低賃金を若干上回る程度の募集が多く、なかなか厳しいものがあります。本来は60歳以降も現職に留まり技術の継承などができればいいのですが、必要とされる人材として残れる人は僅かです。

40代から将来役立つ資格を取得するなど準備をしておくことも必要です。

これまでの仕事を継続して生かせるものがベストですが、難しいようであれば、例えば電気工事士、大型免許、介護関連の資格などを取得することで、将来ロボットや自動運転になる可能性があるものの、現状では60歳以降でも仕事に就きやすい資格と言えます。現職にこだわらず人が不足している分野で能力を発揮する道も検討してください。

また現職で将来に繋がる副業をスタートさせて、60歳以降は副業を本業にするようなキャリアビジョンも描けます。

将来について不安になり過ぎる必要はありませんが、いずれ年金支給開始時期が70歳になり、元気であれば70歳以降まで働くことが予測できます。だれでもいずれ高齢者になります。そのときどうしようかと悩むのではなく、今から60歳以降のキャリアプランを想定して、やるべきことをおこなってください。

ポイント

60歳以上のキャリアプランを想定し、できることは今から始める。

ヤドケンから
悩んだあなたへのアドバイス

仕事は、あなたが一生懸命やっても理解してもらえないこともありますし、頑張ることで人間関係が余計にこじれてしまうこともあるかもしれません。仕事内容だけでなく、労働環境が合わないこともあります。

現在の仕事や人間関係が辛ければ、無理をして継続する必要はありません。辛さのバロメーターは人それぞれ違います。社内の異動や、転職という選択肢もあります。

仕事が人のために尽くすものだと捉えれば、相手のために何ができるか考えてみてください。必要とされることで、仕事の価値観も増します。仕事はやりたいことだけではなく、ときにはやりたくないこともしなければいけませんが、これまでの経験や適性を踏まえて、「なりたい自分」「なるべき自分」を考えてみてください。

第3章
転職の悩み

SECTION 55

会社を辞めたい

なぜ辞めたいのか自問自答してください。

環境が変わり現状より良くなる可能性があるならば、ぜひ転職すべきです。辞めようかどうしようかと悩んでいるだけでは、現職にも打ち込めず気持ちがフラフラしてしまいます。

辞めれば全てが好転するわけではありません。むしろ見知らぬ人と新たに仕事をすることで、現状より悪くなる可能性も否定できません。現職でこれまで積み上げてきた評価や実績は、転職すればまた新たに積み上げなければいけませんが、逆に現状の嫌な部分も一度リセットできます。

現職が嫌なら、我慢しなくていいのです。周囲の人々が何と言おうとあなたの人生なのですから、気持ちに正直になり行動してください。

退職を申し出て引き留められたとき、気持ちがぐらついて辞めない選択をしても、多くの人は遅かれ早かれ辞めていきます。

転職は、お見合いととてもよく似ています。お見合いでは、相手の気持ちを汲み取らず自己主張していては、上手くいきません。転職も同様にやりたいことを前面に打ち出すのではなく、何を求められているのか見極めたうえで、求められている人材として合致することを伝えなければ、転職は上手くいきません。相手の気持ちなど汲み取るのは面倒だというならば、現職に留まるべきです。辞めたい気持ちは、ネガティブでも自己本意なものでも構いません。但しそれを引きずっていては、どの企業へ転職しても同様の問題が生じます。

嫌だからという気持ちをやりたいことに置き換えて、3年後、5年後、10年後の活躍する姿をイメージしてください。自分の姿をイメージしてワクワクしてきたら、そのワクワク感が転職の原動力になります。

ポイント

辞めたければ迷わず辞めたほうがいい。ワクワク感が転職の原動力になる。

SECTION 56

転職しようか悩んでいる

迷いがあるなら、無理に転職すべきではありません。転職したいという気持ちにならなければ、仮に転職しても環境の違いや人間関係に戸惑い転職しなければよかったと後悔するかもしれません。転職すれば全てが好転するとは限らないのです。

転職することで減給になるケースもありますし、新卒採用のような充実した研修も通常期待できません。転職先の既存社員から、どのくらいの職務能力があるか興味深く観察されることもあります。転職者は仕事のプロとして、短期間で戦力になることを期待されているのです。

一方転職して所得がアップすることもありますし、労働環境が良くなるケースもあります。これまでと違う良好な人間関係を構築することができるかもしれません。

転職しようかどうしようか悩んでいるレベルであれば、当面現職の仕事に打ち込んでみてもいいでしょう。現職の仕事や将来に対する不満などがあり、現職では解決できないならば転職すべきですが、何となくつまらない、物足りないという気持ちでしたら、まずは現職で頑張るべきです。在職中に就きたい仕事のスキルアップを図ることもできます。

とはいえ「いつかは転職しよう。」という気持ちでは、いつまでたっても転職できません。現職への不満を抱えながら日々過ごすことは、良いことではありません。転職市場を理解するうえでも、求人サイトなどで求人情報をチェックし、気持ちを動かす企業や職種があれば、ぜひ積極的に転職活動をおこなってみてください。

ポイント

転職しようか悩んでいるレベルならば、当面現職の仕事に打ち込みスキルを高めながら、心を動かす求人を待つ。

SECTION 57

転職したいけど何から始めていいかわからない

転職は新卒時の就職活動と違い、学校がフォローしてくれるわけではありません。自ら行動しなければ何も進まないのですが、転職したいと思ったら、まず求人サイトで求人情報をチェックしてみてください。どんな求人募集があるのか、自分の経験を生かせるものがあるのかなど、転職市場を知る上でも興味のある求人をまずチェックしましょう。

次に求人サイトのＷＥＢ履歴書を作成します。予めＷＥＢ履歴書を作成したうえで、応募企業が決まったら具体的な仕事内容や求めている人材を見極めたうえで、関連する経験を強調して修正します。求人サイトでＷＥＢ履歴書を作成できれば、後は興味のある企業へ応募するのみです。転職は他の応募者との相対評価で決まるケースが多いので、不採用になってもめげずに積極的に複数の企業へ応募してください。

これまでの経験を生かした転職を希望する場合は、人材紹介会社の求人案件も人材紹介会社の求人が掲載されているポータルサイトでチェックをしてみてください。人材紹介会社の求人は、企業から人材紹介会社へ欲しい人材を依頼し、紹介会社が該当する人材を企業へ紹介するという流れですので、ポータルサイトから応募しても直接企業へ届くわけではなく人材紹介会社へ届き判断します。

紹介できると人材だと判断されれば、通常人材紹介会社へ出向き登録をしたうえで、企業の紹介を受けます。人材紹介会社のメリットは、面接日時の設定などから交渉まで人材紹介会社が仲介してくれますが、紹介する案件がなければ、いつまでたっても紹介は受けられません。

求人サイトには、初めて転職する方のためのノウハウなどのコンテンツ記事なども掲載されていますので、ぜひチェックをしてください。

ポイント

求人サイトの求人情報やコンテンツなどをチェックし、積極的に応募する。

SECTION 58

やりたいことが見つからない

転職を希望している方でやりたいことが見つからないと嘆いている方がいますが、これまで経験したことがない職種を希望する場合は、未経験可能な求人に絞り込まれます。

やりたいことが見つからない方のなかには、前職や現職でひどい目にあったから今度は違う職種に就きたいと考えていますが、他にどんな仕事があるのか理解するうえでも、求人情報を入念にチェックしてください。

本来仕事はやりたいことだけ行えばいいわけではありませんので、やりたいことを見つける前に、何ができるかという視点で捉えてみてもいいでしょう。やりたいことが見つからないならば、これまでの経験をさらに伸ばしてスペシャリストになる道もあるはずです。これまで嫌な思いをしたからといって、今後転職先企業でも同様とは限りません。

できることを認識したうえで、求人情報を見ながら数年先の活躍する姿がイメージできるか考えてみてください。未経験の職種でも、これまでの経験で汎用できることをアピールする必要があります。学校で勉強したものを含めて、これまでの経験と関連性を持たせて短期間で戦力になることをアピールします。

求人情報をチェックして、面白そうだと興味が持てる求人であれば、求人情報だけではわからないことも多いので、悩まず応募して面接を通じて採用担当者から直接話しを聞いてください。

やりたいことが見つからないと嘆いているだけでは、いつまでたってもやりたいことが見つかりません。一歩踏み出し行動することで、企業との縁が生まれやりたいこととの発見に近づくのです。

ポイント

求人情報をチェックし、どのような仕事があるのか見てみることから始める。

SECTION 59

離婚(結婚)予定を伝えるべきか悩んでいる

採用試験時に離婚(結婚)していない場合、あえてこちらから伝える必要はありませんが、採用段階で伝えておきたいと考えるならば、伝えても構いません。面接で関連する話題になったときは、正直に伝えるべきでしょう。

本来プライベートなことであり離婚予定が特別採用に不利になることはありませんが、現在調停中であり多額な慰謝料が発生するケースや調停が長引く可能性がある場合、生活面が安定しないことが業務に支障をきたすと考え、採用に影響する可能性があります。

結婚も同様にプライベートのことですので、面接官が質問すべきではないのですが、質問された場合は、結婚の予定と共に結婚後も仕事に打ち込んでいく気持ちを伝えましょう。

離婚や結婚などが業務に支障を与えなければ採用に関係ないことですが、執拗に個人の事情にこだわる企業であれば、応募そのものを検討したほうがいいかもしれません。なぜ独身なのかという質問をする企業も同様に、入社すべきかよく考えたほうがいいでしょう。

今後伸びていく企業は、国籍、男女、年齢など関係なく優秀な人材が伸び伸びと仕事ができる環境があります。この点からもあくまでも予定であれば伝える必要がありませんし、伝えることで気持ちが楽になるのでしたら伝えてください。

応募者の発揮できる能力が魅力的であれば、置かれている状況など気になりません。そのためにも個人の事情で悩むまえに、欲しい人材になれるよう積極的にアピールすることが大切です。

ポイント

プライベートのことなので、予定であれば伝える必要はないし、伝えたければ伝えればいい。

SECTION 60

未経験の仕事に就きたい

転職は欠員や増員募集が多いので、通常はこれまでの経験を生かして短期間で戦力になれる職種へ転職しますが、未経験者の募集もあります。未経験者の募集の意図は、戦力になるためにそれほど時間を要さない、既存に捉われない人材が欲しい、あるいは人が集まらないなど、様々な理由が考えられます。

求人募集に記載されている求める人材や募集の背景などの記事をチェックして該当するならば、積極的にチャレンジしてください。

未経験の職種を希望する場合、入社したらしっかり覚えますという姿勢に加えて、できることは採用段階で自己啓発しているくらいの意気込みが求められます。経理であれば簿記の資格取得に向けて勉強していることもアピール材料になりますし、人事であれば、労務管理や社会保険について勉強していると伝えてもいいでしょう。

未経験の職種に就きたいとき、前職と同様の業界で異なる職種であれば、業界知識があり短期間で戦力になることがアピールできます。業界を全く知らない応募者より業界経験があるほうが、職種について未経験であっても有利になるのです。前職の経験で汎用できる知識やスキルをアピールすることも忘れないでください。

さらに、前職の経験から未経験の職種への適性を感じ志望したというストーリーも有効です。例えば販売職から経理職に就きたいとき、販売職として売上管理やアルバイトの賃金管理から経理の適性を感じて、在職中に簿記3級の資格を取得したというように説明すれば、本気で未経験の職種に就きたい意欲をアピールできます。なぜ未経験の職種に就きたいのか、これまでの経験や学んだことで汎用できるものは何か、さらに自己啓発していることは何かという点を整理して臨んでください。

ポイント

未経験の職種の募集意図を汲み取り、汎用できるスキルや経験と共に、自己啓発していることをアピールする。

SECTION
61

転職できるか不安だ

誰でもできるかどうか考え出したら不安になります。転職できるか悩んでいる時間があるならば、応募企業で発揮できる能力を具体的に書き出してみてください。全く書けないようならば、その企業への転職は難しいかもしれません。また就きたい職種で生かせる知識や技術を自ら習得するなど、自己啓発することも考慮してください。せっかく能力があっても謙遜していては、採用担当者に伝わりません。嘘はいけませんが、応募企業で生かせる能力であれば、たとえ僅かな経験でも強調してアピールすべきです。

新卒採用では、実務経験がないので、少なからず学歴で評価される部分がありますが、転職は学歴以上に実務能力を評価する傾向があります。

この点からも採用担当者がわかってくれるだろうと考えて職務経歴を羅列するだけでは、なかなかわかってもらえないでしょう。不安を払拭するためには、応募企業で活躍する姿をイメージしてみることです。イメージできないようですと、その企業は合っていないのかもしれません。

数社応募して上手くいかないからと簡単に諦めないでください。20社応募して1社内定がもらえるというデータもありますので、応募企業向けに書類を書きなおして、積極的に応募すべきです。1社ずつ応募して結果が出たら次の企業へ応募する方がいますが、時間ばかりかかってしまいます。

採用担当者は、複数の企業へ応募していることはそれほど気にしません。気にするのは、応募している企業のなかでの自社の位置づけです。応募するからにはそれぞれの企業が第一志望だという姿勢で臨んでください。

転職は、企業名や規模だけで決めるべきではありません。ポイントはその企業でどれだけ必要とされる人材になれるかという点です。

ポイント

応募企業で活躍する姿をイメージする。
応募企業で発揮できる能力と裏付けとなる経験を具体的に書き出してみる。

SECTION 62

遠隔地の企業へ応募しているが上手くいかない

地方から首都圏の企業へ応募してもなかなか上手くいかないケースがあります。上手くいかない原因として、遠隔地からわざわざ応募してもらっても近郊の応募者が多いため、採用が難しいと判断している可能性があります。どうしても欲しい人材であれば遠隔地からの応募でも面接まで進めますが、わざわざ交通費や宿泊費をかけて応募してもらっても期待に応えられないと考えているのです。

遠隔地への応募だけではありませんが、採用担当者が会ってみたいと思う職務能力や経験がなければ、なかなか遠隔地からの応募は難しいと思います。

応募企業で生かせる能力や経験をアピールしたうえで、速やかに面接や転居に対応できることを記載して応募してください。さらに地元ではなくなぜ応募企業なのか、応募企業だからこそ入社したい理由もより具体的に記載する必要があります。

遠隔地からの応募が上手くいかない場合、現在離職中ならば応募企業の近郊に親戚や知人の住所を一時的に借りて、近郊から応募している状況を作ることも検討してください。面接まで進んだときは、一時的に間借りしているが内定後速やかに転居する旨伝えます。

遠隔地からの応募は、交通費や宿泊費だけでなく転居費用もかかりますので、効率良く転職活動をおこなってください。例えば予めウィークリマンションなどを1週間借りて、その期間に集中して面接を受ける方法もあります。

また上京した際、人材紹介会社に登録をして、紹介会社のサポートを受けながら転職活動をおこなうことも検討してください。

ポイント

速やかに面接に対応でき転居が可能であることを書類に記載する。上手くいかなければ親戚や知人の住所から応募する。

SECTION 63

正社員になりたくてもなれない

正社員で勤務した経験がないため、正社員の求人募集で採用されないケースがあります。20代であれば、正社員経験がなくても採用される可能性がありますが、30代以降でこれまで正社員経験がないと、正社員としての転職は厳しくなります。

転職は需要と供給の関係で、応募者が多い企業や職種であれば、自ずと採用基準が厳しくなりますが、集まりにくい企業や職種であれば基準は下がります。

正社員でどうしても転職したいならば、人員が不足している職種を検討すべきです。集まりにくい仕事は、労働条件が厳しいこともありますが、そういった仕事であれば、定年も関係なく長く働くことができます。また、企業規模にこだわらなければ、正社員として転職できる可能性があります。

正社員と非正規社員の違いで最も大きな違いは、非正規社員は通常有期雇用であり、継続して勤務できない不安があります。一方正社員であれば、原則として定年まで勤務できます。さらに正社員は通常、賞与や退職金が支給されますが、非正規雇用では、支給されないケースが多いのです。

今後働き方改革が施行され、非正規社員と正社員の格差是正がおこなわれていき、同一労働、同一賃金になっていきますので、賃金による格差は少なくなるでしょう。

どうしても正社員として転職したいならば、職種、企業規模、業界などを検討してみることが大切です。年齢や経験にもよりますが、全てを求めるのが難しければ、何を優先したいか自問自答したうえで、転職活動をおこなってください。

ポイント

正社員にどうしてもなりたいならば、人が不足している職種や企業規模、業界にこだわらず転職活動をおこなう。

SECTION
64

年収をアップしたい

応募企業がどうしても必要とする人材であれば、年収は間違いなくアップします。需要と供給の関係をイメージすればわかりやすいですが、企業が必要としている仕事に対して該当する人材が豊富にいる状況であれば、通常年収はそれほど高くありません。一方、多くの企業が欲しい職務に対して、該当する人材が不足していれば、企業間の競争が激しくなり年収も上がります。

転職で年収をアップするためには、該当する社員が不足している企業へスキルや経験を生かして貢献することが必要です。別の言い方をすれば、大手企業であれば潤沢な人材がいるため、あえて外部から補強しなくてもいいのですが、豊富な人材が少ない中小企業であれば、どうしても欲しい人材であれば高い報酬を支払うのです。

外資系企業なども人材が不足していれば、高い年収で採用されるケースがあります。さらに売上や成果に準じて報酬が変わる仕組みであれば、成績を上げることで、年収アップが図れます。

通常、転職をすると転職先企業で実績を出したわけではないので、一時的であれ年収が下がるケースが多いのですが、ピンポイントでどうしても欲しい人材であれば、年収がアップします。技術、業界経験、人脈、販路、運営ノウハウなどについて企業が欲しいと思えば、既存の給与規定に捉われず採用する場合もあります。

需要と供給の仕組みを理解して、あなたの経験やスキルを必要としている企業へアプローチしてください。

ポイント

需要と供給の仕組みから、人材が不足している中小企業などでは年収アップの可能性がある。

SECTION
65

募集年齢を超えている

応募したい企業があっても募集年齢が該当せず悩んでしまうケースがあります。原則として求人募集広告に年齢制限をおこなってはいけないことになったものの、特定の不足している年齢層を補うための募集という理由のもとでは、実質年齢制限がおこなわれています。例えば年齢が35歳以下の求人で45歳であれば、通常受け付けてもらえません。但し求めている人材としてマッチングしていることが前提ですが、数歳上であれば受け付けてもらえる可能性はあります。その際、断りもなく応募すれば、職務能力を満たしていても募集条件を読んでいないと判断されて、不審感を抱かれる可能性がありますので、募集年齢を超えていることは承知のうえで、ぜひ面接だけでも受けさせていただきたいと応募書類に記載して臨むべきです。

応募前に電話などで問い合わせる方法もありますが、電話の問い合わせですと職務経歴をアピールする機会がないため、受け付けてもらえない可能性があります。

前回不採用になった企業へ再度応募できるか悩むケースもありますが、特に1年以内に応募した方はご遠慮くださいなどの応募条件を定めていない場合は、再度応募が可能です。応募条件で問題がなければ、応募段階であえて応募経験があることを伝える必要はありませんが、面接時に問われた場合は、きちんと回答してください。再応募では、他の応募者との比較で不採用になった可能性があるものの、前回の不採用の原因を分析したうえで不採用の要因を改善しなければ、前回と同様の結果になる可能性があります。

どうしても入社したいという企業への思いは大切ですが、あまり固執し過ぎず他社へも積極的にチャレンジすべきです。

ポイント

年齢が超えている応募であることを断ったうえで、求めている人材とマッチングしていることを積極的にアピールする。

SECTION 66

転職して上手くいくか心配だ

今度は失敗したくないという気持ちが強すぎて、内定をもらっても入社を決められない方がいます。本当にこの選択で良かったのだろうか、内定企業で上手くやっていけるだろうかなどと、不安がよぎるのです。

上手くやっていけるかどうかは、転職してみなければわかりません。

但し採用段階を通じて、転職先企業で存在価値を発揮し必要とされる人材になれると感じたならば転職すべきですし、逆に採用担当者が上から目線の入れてやるという態度であれば、転職すべきか十分考えるべきです。

自分で企業選択をして内定をもらったのならば、上手くいくか悩むより、新たな企業や人との出会いにワクワクしてみてください。

上手くいかなければ、再び転職すればいいのです。転職回数が多くなり履歴が傷つくと考えるかもしれませんが、1社増えたからといって転職ができなくなるわけではありません。

転職が上手くいくかどうかは、入社後最初の3カ月間がポイントです。成果を出そうとあせってしまうと、裏腹な結果になることもあります。例えば、これまでのやり方を否定して、既存社員と上手くいかなくなるケースです。まずは、じっくり人間関係や組織を観察するくらいの気持ちで臨んでください。転職では全ての人が歓迎しているとは限りません。転職者が入社することで自分のポジションが脅かされると考えている社員もいます。

3カ月位勤務すると、社内の力関係や社員の性格も概ねわかってきます。転職初日、1週間、1カ月経過した頃に、この転職が間違いだったのではと悩むかもしれませんが、社内の人間関係が理解でき、やるべきことが明確になってくれば、良い結果に繋がります。

ポイント

必要とされる人材になれるか、採用段階を通じて見極める。転職後あせって結果を出そうとせず、じっくり取り組む。

SECTION 67

転職回数が多い

転職回数が多いことを気にしても、過去は変えられません。これまでの経験があるから現在があるという捉え方をしてみてください。

確かに転職回数が多ければ、採用担当者は、自社に入社してもすぐに辞めてしまうと考えるかもしれませんが、大切なことは、応募企業が求めている人材として発揮できる能力をきちんとアピールして、自社で欲しい人材だと思わせることです。この点が欠けていれば、採用担当者は不採用の理由を、転職回数の多さに結びつけます。退職理由について執拗に確認をして、応募者に転職回数が多いから不採用になったとイメージさせるのです。

転職回数の多さが原因で不採用になるだろうと最初から考えているようでは、積極的なアピールなどできません。過去は過去と割り切り、まずは応募企業で発揮できる能力をきちんと伝えてください。そのうえでこれまでの転職経験から得たこと伝えるのと同時に、今後はじっくり腰を据えて仕事をしていく決意を語ります。

転職理由について、予め職務経歴書に簡潔に記載しておけば、面接で質問をされない可能性もあります。問われたときは、自己都合による退職であれば、会社批判ではなく次に繋がる前向きな転職理由を簡潔に説明してください。

応募企業で発揮できる能力と退職理由をきちんと説明しても転職回数にこだわる企業であれば、逆にその企業への転職を検討したほうがいいかもしれません。仕事は過去の積み重ねですが、過去ばかりこだわり将来に目を向けない企業であれば、今後の発展は期待できません。

ポイント

応募企業で発揮できる能力をきちんと伝えたうえで、これまでの転職で得たことや今後の姿勢を簡潔に述べる。

SECTION
68

短期間で辞めている

入社後数カ月で辞めているならば、例えば入社前に聞いていた条件と異なるため短期間だがやりたいことを実現したいため退職したと、告げる方法があります。このとき会社批判と受け取られると事実であってもマイナス効果になりますので、「事前に私自身もきちんと確認しなかった点は十分反省しています。」と本心ではなくても、こちらにも非があることを伝えると、会社批判にはなりません。

短期間で退職した企業について職務経歴書は履歴書に記載すべきか悩みますが、確かに記載する、しないは自由なものの、ブランク期間について問われたときに短期間で退職した企業について伝えなければ、履歴の詐称になります。

WEB履歴書や職務経歴書では、短期間で辞めた企業の前の企業の末尾に「退職後について」などの見出しを付けて、簡潔に企業名、在籍期間、仕事内容、退職理由を記載しておけば、目立たず伝えることができます。

記載せず面接でブランク期間について質問されず内定をもらってしまうと、内定後記載していない企業について判明したらどうなるだろうと不安になります。判明したときに短期間だから記載しなかったと答えれば通常問題はありませんが、内定企業で記載していない企業からの社員は採用しないという方針があれば、解雇にはならずとも良い印象は与えないでしょう。

短期間で辞めた企業が採否に影響するなど考えず、事実をきちんと伝えたうえで、欲しい人材になるよう職務能力をアピールしてください。

採用担当者が自社に入社してもすぐに辞めるのではという不安を払拭するためにも、今後やりたいこと、できることが応募企業で実現できると熱意を持って伝えることが大切です。

ポイント

短期間で辞めた理由を簡潔に伝えるべきだが、会社批判にならないように注意を払う。

SECTION 69

ブランク期間が長い

企業によりブランク期間の長さの捉え方は違いますが、退職後6カ月以上のブランク期間があれば、ブランク期間について問われる可能性があります。前職を病気や精神的な理由で退職した場合、採用担当者は、入社後業務に支障をきたすことを懸念します。病気で退職と記載するならば、現在は完治し業務に支障を与えないことまで、職務経歴書に記載しておきます。

書類に書く、書かないは自由ですので、現在完治しているならばあえて書かず、さらに面接でもやりたいことの実現などの理由に置き換えてもいいでしょう。但し入社後業務中に通院が必要な場合など、業務に支障を与える可能性があれば、面接時に伝えなければいけません。

ブランク期間の懸念を払拭するためにも、応募企業で生かせる自己啓発をしていることを理由にするといいでしょう。嘘はいけませんが、今日から勉強すれば、これから記載する職務経歴書には記載できます。

採用担当者は、ブランク期間が長いことで、仕事への意欲が失せていないか、仕事のスキルに問題がないかなどについて不安に感じますので、ブランク期間も自己啓発をして知識やスキルを高めてきたことと、仕事への意欲を伝えてください。

資格試験の勉強のためブランク期間が発生して資格を取得できなかった場合は、最初から期間を決めて勉強してきた点と、今後は勉強した知識を生かしながら仕事に集中することを伝える必要があります。

結婚などのブランク期間であれば、家族の理解を得ているため仕事に打ち込むことができると伝えてください。

ポイント

ブランク期間の不安を払拭するため、応募企業で生かせる自己啓発をしてきたと伝える。

SECTION 70

自分に合う企業が見つからない

何となく求人情報を見ているだけでは、自分に合う企業は見つけられません。転職では前述したように応募企業が求めている人材として発揮できる能力が重要ですが、それに加えて転職における優先事項を整理してみてください。

転職で期待することや優先したいことを、思いつくまま書き出します。書き出したなかから、どうしても優先したい内容を多くても3つ程度に絞り込みます。その絞り込んだ優先事項について満たされているか否かを求人情報から読み取ります。求人情報でわからなければ、面接時もしくは内定後でも構いませんので、優先条件が満たされていることを確認したうえで入社します。

優先事項が満たされていれば、転職後多少思うようにならないことがあっても乗り越えていけますが、優先事項を考えず入社してしまえば、漠然と自分に合わない企業だと捉えて、再び転職することになるかもしれません。

完璧に合う企業などまずありませんが、少しでも自分に合う企業を見つける

ために は、職務能力と優先事項のマッチングが大切です。

転職における優先事項が整理されると、多くの求人情報のなかから条件が絞られてきます。

注意したい点は、自分の能力を見極めたうえで、企業を選択してください。

例えば、安定した上場企業で社員数が5000人以上しか興味がないという場合、いつまでたっても転職できない可能性があります。

これまでの経験や職務能力を自覚したうえで、よりマッチングする企業を選択すべきです。

ポイント

求められている職務とのマッチングに加えて転職で優先したいことのマッチングで自分に合う企業を見つける。

SECTION
71

ブラック企業かどうか心配だ

多くの求職者がブラック企業かどうか見極めて転職したいと考えています。政府が発表しているブラック企業のリストは、参考になるかもしれませんが、なかなか採用試験だけでブラック企業だと見分けるのは難しいのが現状です。明らかに賃金未払や残業過多であれば摘発されるものの、労働環境が悪くてもブラック企業としてリストアップされていない企業があるのも事実です。

面接時に社員の雰囲気から観察することができます。疲れた表情の社員が多い、電話が鳴りっぱなしの状態、電話で怒鳴っている、面接時の訪問で応対者が把握していないなど、訪問時の直感は、意外と当たっているものです。

面接時にやけに馴れ馴れしい企業も、採用できずあせっている企業かもしれません。さらに電話で問い合わせたときの横柄な受け答えから、職場の雰囲気が読み取れます。

書き込みサイトから情報を得ることができますが、書き込みサイトに書かれていることの信憑性は疑ってみる必要があります。火のない所には煙が立たないものの、何か問題を起こして辞めた社員が書いている可能性もあります。書き込みサイトの情報で気になる点があれば、内定後に入社したい意志を伝えたうえで確認をしてみてもいいでしょう。

ある人にとってはブラック企業でも、別の人にとってはそうでないこともあります。例えば労働時間など気にせずとにかく稼ぎたい人であれば、残業や休日出勤など気にならないかもしれませんが、労働基準法に準じて仕事がしたい人にとってはまさにブラック企業なのです。必ずしもブラック企業とは言えませんが、根拠が不明でやたらと給与幅が大きい企業や頻繁に求人募集をおこなっている企業などは、確認をしてみたほうがいいかもしれません。

ポイント

ブラック企業かもと面接時に感じる直感は意外と当たる。

SECTION 72

何社受けても採用されない

何社受けても採用されないと社会で必要とされていないのではと気持ちが落ち込み、転職活動が停滞してしまうことがありますが、不採用になったからといって落ち込まないでください。

そもそも転職は他の応募者との相対評価で決まりますので、たまたま優秀な応募者がいた可能性が考えられます。別の見方をすれば、採用条件を満たしていなくても、該当する応募者がいないため採用されるケースもあるのです。

不採用になることを恐れてはいけません。不採用になった原因を分析し次に繋げることは大切ですが、応募が億劫になり転職活動が停滞してしまわないよう、結果は結果として受け止めて、気持ちを切り替えて臨んでください。

大手企業しか応募しない、経験者しか採用しない職種へ未経験で応募する状況では、いつまでたっても同様の結果になってしまうかもしれません。

これまでの転職活動が上手くいかないならば、企業規模や応募職種を修正してみることで、良い結果に繋がることも多いのです。

自社で必要とされていない、あるいは適正に評価してもらえないなどの不満で転職する人が多いのですが、地名度のある企業でも、その企業で必要とされなければ、仕事の価値観を見出せないかもしれません。

優秀な人材が多くいる一流企業では能力を発揮できなくても、中堅企業でメキメキ能力を発揮する転職者のほうが、充実してやりがいの持てる仕事ができます。

憧れだけで応募せず、応募企業で発揮できる能力をこれまでの経験を盛り込みアピールすることで、これまでと違った結果に繋がります。

ポイント

現状の能力に見合う企業を選択し、発揮できる能力を具体的に示すことを実践する。

SECTION 73

アピールできる強みがない

転職では応募企業で発揮できる強みをアピールする必要がありますが、強みなどないと嘆いている方がいます。

どんな仕事でも、目的があり目的を達成するためのプロセスがあり、どのような結果になったかという成果に分解できます。普段何気なくおこなっている仕事でも、分解して考えるとアピール材料が見つかります。

例えばコンビニエンスストアでアルバイトしていたというだけでは、アピールできないかもしれませんが、コンビニエンスストアのなかには、接客、陳列、売上管理、レジ対応、新人アルバイトの指導など様々な仕事があります。陳列を例にあげると、目的は顧客の目を引きやすいように陳列する、プロセスは顧客の目線に入るところに売りたい商品を説明文と共に陳列、結果は、売上が前月対比１１０％になったと分解できます。このケースでは、強みとして顧客のニーズを汲み取り売上をアップできるとアピールできます。

転職では、企業が求めている職務が明確なので、関連する経験があればあまり経験がなくても、強調してアピールしてください。転職におけるアピールは、過去の華々しい実績を述べることではなく、応募企業でできることをアピールして、その裏付けとして過去の実績を伝えてください。

強みと言うと少し躊躇するかもしれませんが、応募企業でできることを具体的に伝えればいいのです。これまでの経験を伝えるだけでは、「その経験を生かして何ができるの？」と問われますので、経験を裏付けとしてできることを伝えます。これまで経験してきたことは、どんな経験でもあなたの財産です。そしてどんな人も仕事で生かせる強みがあります。

応募企業でできることは、躊躇せずアピールしてください。

ポイント

求められている人材を想定し、応募企業でできることを具体的に伝える。

SECTION
74

志望動機が浮かばない

志望動機が浮かばなくて悩んでしまう方がいますが、転職の志望動機は、これまでの経験を生かして能力を発揮したいという能力のアピールと多くの企業のなかで応募企業だからこそ入社したいという応募企業への思いといった2つの内容を盛り込んでください。どちらか一方だけでは、転職面接では興味を持たれません。例えば、経理の仕事がしたいというだけでは、採用担当者は、自社だからこそ入社したい意欲を感じません。一方、応募企業への思いだけアピールしても、やりたいこと、できることが伝わりません。応募企業で発揮したい能力と応募企業だからこそ入社したい応募企業の魅力を合わせて志望動機として伝えてください。

応募企業の魅力がよくわからず伝えられないと悩む方がいますが、応募企業の魅力に正解はありません。応募企業の特徴、商材、サービス、経営方針、経営者の考え方、将来像など、求人情報や企業のホームページを読めば、ヒントとなる内容は多く盛り込まれています。求人情報に記載されている内容と同じでは良くないと考えるかもしれませんが、無理やり関連性のない内容を伝えるくらいならば、求人情報やホームページに記載されている内容をしっかり読み込み回答すれば、何ら問題はありません。

採用担当者は、応募者のやりたいこと、できることが自社で求めているものと合致しており、他社ではなく自社の特徴を押さえた志望理由であれば、採用したい応募者としてぐっと近づくのです。

複数の企業へ応募する際も、それぞれの企業が求めている人材や企業の特徴を読み取り、応募企業向けの志望動機で回答してください。

ポイント

応募企業で発揮できる能力をやりたいこととして伝え、さらに応募企業だからこそ入社したい応募企業の特徴を伝える。

SECTION 75

書類選考が上手くいかない

書類選考が上手くいかない原因の一つとして、やってきたことをただ羅列して記載していることが挙げられます。採用担当者は、職務経歴書からやってきたことを知りたいのではなく、自社で発揮できる能力を見極めたいのです。その能力の裏付けとなるのがこれまでの経験なのです。

応募企業の仕事内容と求めている人材をチェックして、【貴社で発揮できる強み】などの見出しを付けて、自己ＰＲの次で構いませんので、応募企業でできることを箇条書きで記載してみてください。箇条書きで記載した内容の下に、裏付けとなる経験を簡潔に記載します。

採用担当者は、自社で何ができるかを知りたいのですから、ダイレクトにわかりやすく伝えます。未経験の職種であれば、ＰＣスキルや交渉力など汎用できるスキルをアピールしましょう。

ポイント

応募企業でできることを箇条書きで簡潔にまとめる。

20○○年○月○日
氏名

職務経歴書

【経歴要約】
250字～300字程度。求められるスキルや経験と共通する部分を強調する。

【職務経験】
・応募職種で必要とされる経験を強調し、年代式、逆年代式、職能式から選択する。
・携わった職務を羅列するだけでなく、実績、評価、工夫、改善したことを簡潔に記載。
・【　】等を使用し、読みやすさを心掛ける。

【保有資格・スキル】
応募企業で活かせる資格等を記載する。
応募企業で活かせる資格であれば、資格取得に向けて勉強中であることも記載できる。

【志望動機】
「～の経験を活かして、～である貴社で貢献したい・・・」が有効なアピールになる。

【自己PR】
仕事に関連する内容をできる限り記載する。

【貴社で発揮できる強み】
・
経験事例
・
経験事例
・
経験事例
・

SECTION 76

会社を休めず面接を受けられない

在職中で有給休暇がなかなか取れず、せっかく面接まで進んでも辞退しなければならないケースがありますが、どうしても入社したい企業であれば、仮病を使ってでも会社を休んで、面接を受けてください。

終日面接をおこなう企業はありません。通常長くても1時間程度ですから、体調が悪いので病院へ行くなどの理由で、半日休むこともできるはずです。

企業によっては、在職中の応募者に配慮をして、夜や土曜日などに面接をおこなってくれる場合もあります。どうしても休めないのであれば、受け入れてもらえないことを覚悟のうえで、夜や土曜日に面接をお願いできないか確認をしてください。あっさりとできないと告げられるようであれば、融通がきかない企業であり、入社しても思うように仕事ができない可能性があります。

在職中の企業に転職活動をしていることは内密にすべきですので、頻繁に休むことはできませんが、急に有給休暇を取れないならば、予め先の日程で有給休暇を取っておきその日程にできる限り面接を盛り込むことも検討してみてください。

面接に対応できないため、会社を退社して転職活動をおこなうという考えもありますが、あまりお勧めできません。辞めてすぐに決まるとは限らずブランク期間が長期化することで、生活費などの問題も出てくるかもしれません。さらにこの先本当に転職できるかと不安になります。すでに退職している方は集中して転職活動をおこなうべきですが、在職中であれば、できる限り辞めずに活動してください。

転職する企業は1社なのですから、企業の対応を見極めながら、必要とされる企業へ転職してください。

ポイント

仮病を使ってでもできる限り在職中に転職活動をおこなう。

在職者への対応から、転職すべき企業かどうか読み取れる。

SECTION 77

面接が上手くいかない

転職面接は、自分という商品を売り込む営業担当者になったつもりで臨んでみてください。転職面接は、大学職員などの1次面接を除き、ほぼ個別面接です。営業担当者であれば、商品を売り込む前に相手のニーズを聞き取り、自社の商品が最適だと伝えます。面接も同様に予めアピールする内容を用意して臨みますが、面接官の説明から臨機応変に対応することも大切です。

転職では、求められている人材に対して、これまでの経験を生かして応募企業で何ができるかという点が最も重要になりますので、この点をきちんと押さえて伝えるようにすれば面接の通過率はアップします。

面接の定番質問として、これまでの職務経験、退職理由、志望理由、自己ＰＲなどが質問されます。職務経験は、ダラダラと説明せず、応募企業で生かせる経験を強調して説明します。退職理由は、「嫌だから」を「やりたいこと」に転換して回答してください。志望理由は、発揮できる能力と関連した今後やりたいことを伝えたうえで、応募企業だから入社したい理由を説明します。自己PRは、応募企業で発揮できる職務能力を具体的に伝えてください。

回答時間にも注意してください。長々と回答することは、面接官が興味を持つ内容であればまだしも、興味がない内容ですとマイナス効果になります。できれば1つの質問に対して30秒から1分程度にして、面接官が興味を持つと思われるキーワードを投げかけて、もっと詳しく聞きたいと新たに質問を受ける状況が理想です。言葉のキャチボールを面接官とすることをイメージしてください。面接は、回答内容だけでなく応募者の表情から意欲や熱意を読み取ります。意欲を示すためには、応募企業で活躍する姿をイメージしてみてください。

ポイント

- 職務経歴 ⇓ 応募企業で求める職務を強調して説明。
- 退職理由 ⇓「～が嫌だから」を「～がやりたい」に転換。
- 自己ＰＲ ⇓ 経験を交えながら応募企業でできることをアピール。
- 志望動機 ⇓「～の経験を活かし～である御社で貢献したい」と説明。

SECTION
78

面接のマナーがよくわからない

転職面接でやってしまいがちな行動について、考えてみましょう。定番質問の「これまでの職務経験についてお話しください。」という質問に対して、いきなりバッグから職務経歴書を取り出し手元に置いて読み上げる方がいますが、原則として転職面接では、手元に何も置かずに面接官の質問に回答します。他の応募者と異なる行動をすると、面接官は、違和感を覚えます。

職務経歴書を読み上げるだけならば、あえて面接で質問をする必要がないと考える面接官もいます。営業のプレゼンなどですと自分用にも書類を用意して説明をしますので、この感覚から手元に職務経歴書を置いて説明しているのでしょう。手元には何も置かず、これまでの職務経験についても予め整理したうえで、自分の言葉で回答してください。

また、面接にメモ帳を手元に置き、面接官の説明などをメモに取る方がいますが、これも実は考えものです。本来面接は、面接官が応募者の回答から採否の判断をする場であり、企業概要や仕事内容の説明はおこなうものの、メモを取りながら面接を受けることに違和感を覚えるのです。新卒時の会社説明会などでは、逆にメモを取らなければ熱意がないと思われてしまうかもしれませんが、転職面接でどうしてもメモを取りたいときは、面接官に断ってからメモを取るべきです。メモを取る内容は、忘れてはいけない重要事項のみとしてください。

面接官は、リラックスした雰囲気から応募者の本音や本質を見抜きたいと考える場合があります。この場合は、妙にかしこまる必要はありませんが、リラックスした雰囲気だからといって、極端に気を緩めないようにしてください。原則として、手元には何も置かず、真摯な態度で、適度な緊張感を持って面接に臨んでください。

ポイント

職務経歴などの説明でも手元に何も置かず回答する。メモをどうしても取りたい場合は、面接官に確認をしてからメモを取る。

SECTION 79

面接で緊張してしまう

面接で上手く話そうとすればするほど、緊張してしまうことがあります。

事前の準備は必要ですが、面接当日になったら成るようなると、開き直ることで緊張が和らぎます。上手く話すのではなく、伝えたいことをきちんと伝えようという姿勢で臨んでください。

面接回答を文章にしてみるのは構いませんが、丸暗記はしないでください。丸暗記した回答は棒読みになり、忘れてしまうと何も回答できなくなります。回答内容をキーワードで押さえておくほうが、自分の言葉として伝わります。上手く話せないから採用に繋がらないのではなく、伝えたいことが伝わらないから採用に至らないのです。

どうしても緊張してしまい言葉が出ないときは、空白の時間を作らないためにも、面接官に「申し訳ありません。少し緊張しています。」と謝ってしまうと、気持ちが楽になり話せるようになることがあります。

面接官は、自社で求める人材として何ができるかという点を見極めたいのですから、上手く話せなくても発揮できる能力だけは予め整理をして、どんな状況でも伝えるようにしてください。

転職面接では、面接で採否のジャッジをされていると考えると余計緊張してしまうかもしれません。逆に応募者も自分に合う会社かどうか見極めようという気持ちで、企業を面接するくらいの気持ちで臨んでください。

面接で緊張してしまうのは、真剣に取り組んでいる証なのです。

ポイント

面接回答の文章を丸暗記せず、キーワードで押さえておく。緊張して言葉に詰まったときは空白の時間を作らず、緊張していると謝ってしまう。

SECTION 80

最終面接でいつも不採用になる

　最終面接でいつも不採用になる場合、志望動機が曖昧なことが考えられます。愛社精神が強い役員や経営者は、なぜ他社ではなく当社なのかという点にこだわります。応募企業だからこそ入社したい理由が曖昧であれば、入社意欲が欠けていると判断されてしまうのです。

　最終面接まで進んだのですから、ほぼ実務能力については問題ないと判断されています。１次面接では、実務能力や労働条件が問題なければ上に回そうと考えている採用担当者もいます。

　これまでの面接で応募企業だからこそ入社したい理由を、具体的に回答できたかどうか振り返ってみてください。

　人材紹介会社の紹介の場合、紹介を受けたから応募しているという受身の態度ですと上手くいきません。人材紹介会社を介した応募でも、紹介されたから応募しているという態度ではなく、応募企業だから入社したい理由について、熱意を持って語る必要があるのです。

最終面接だからといって、これまでの回答を大きく変える必要はありませんが、これまでの面接から、評価されている部分をより強調して説明したうえで、さらに他社ではなく応募企業だから入社したい理由を、具体的に語ってください。

最終面接だからと気負わず、発揮できる能力と志望理由をしっかり回答してください。

ポイント

これまでの面接を通じて評価されている点を強調し、他社ではなく応募企業だからこそ入社したい理由を具体的に語る。

SECTION 81

お礼状を出すべきか悩んでいる

面接後に面接を受けさせてもらった感謝の気持ちを示すために、お礼状を送付するケースがあります。送付しなくても特別採否に影響はしませんが、送付することでより入社の意欲を示すことができます。応募者のレベルがほぼ同じでどちらを採用するか悩んでいる場合、お礼状が送られてきた応募者を採用するケースがあるのです。お礼状は、面接官宛に送るか、名前がわからなければ人事部宛でも構いません。中小企業で経営者が面接を行った場合は、経営者宛に送付してください。

文面で過度なアピールをすると、なぜ面接時にアピールしないのかと思われて、逆にマイナス効果になることもあります。文面はあくまでも面接のお礼と面接時に話題になったエピソードを簡潔に盛り込む程度でいいでしょう。

面接までメールのやりとりをおこなってきた場合は、お礼のメールでも構いません。採否が決まる前に送るべきですので、面接日当日に送付してください。

お礼状と少し違いますが、別の企業で内定をもらったものの第一志望の企業から結果が届かないようなときに、第一志望の企業に入社したい意志と内定をもらい決断を迫られている状況を文面で伝える方法があります。伝えることが藪蛇になり、内定企業へどうぞというリスクがあるものの、他社も欲しがる人材だと受け取られて、第一志望の企業から内定をもらえる可能性もあるのです。

採用担当者は、内定辞退をされることを嫌います。そのため採否を決めかねている状況であれば、内定を出せば確実に入社する応募者を採用したいと考えるのです。

お礼状や状況を説明する手紙が、採否の決め手になることがあるのです。

ポイント

お礼状はあくまでも面接のお礼と面接時のエピソードを盛り込み、過剰なアピールをしないようにする。

SECTION 82

退職時期が半年後になってしまう

転職では欠員や増員のため募集するケースが多く、入社時期がかなり先ですと、能力があっても不採用になることがあります。転職では待ってもらっても3カ月程度であり、通常1～2カ月後の入社を想定しています。6カ月先の入社ですとどうしても採用したい人材でなければ、なかなか採用に繋がりません。

退職時期が6カ月後であれば、求人情報をチェックしつつ、本格的な転職活動は、3、4カ月前からおこなうようにしたらいいでしょう。

但し予め入社日が設定されている求人募集もあります。このような募集では、半年先の入社を設定している場合もありますので、半年後の入社であっても求人募集はチェックしてください。

採用担当者は、入社時期が曖昧な応募者に対して、本当に入社する意志があるのか疑問を持ちます。半年後の入社ですと、欲しい人材でもすぐに欠員の補充をしたい場合は難しく、半年後に応募者の気持ちが変わることや自社の体制が変わる可能性もあり、なかなか採用には繋がらないのです。

「引き継ぎをきちんとおこない○月○日からでしたら、確実に入社できます。」もしくは「内定をいただきましたら、きちんと引き継ぎをおこない確実に入社できます。」と確実に入社する応募者であることを、言葉で伝えてください。

特に求人募集に入社日が記載されていなければ、6カ月後の入社でも応募は可能ですが、入社時期の確認をする前に、採用担当者に欲しい人材だと思わせることが先決です。

ポイント

欠員・増員の募集では通常1～2カ月後の入社を想定している。半年後の入社であれば、欲しい人材だと思わせたうえで交渉する。

SECTION 83

周囲が転職に反対している

人と同じ生き方が正しいとは限りません。現職がどうしても馴染めずやりたいことがあるならば、チャレンジすべきです。

企業へ転職するだけが、転職とは言いません。独立も広い意味では転職ですし、会社を辞めて役者を目指すのも転職です。

やりたいことをやるのが、その人にとって天職です。やりたいことができず我慢をしながら生きていくことが、本当に幸せでしょうか。

周囲の人々は、「安定した生活が一番だ」「もったいない」「辞めたら二度と会社員になれない」などと引き留めるかもしれませんが、仕事をするのはあなた自身です。

人に迷惑をかけないならば、自分自身の責任でやりたいことにチャレンジすべきです。時間は誰でも同じように過ぎていきます。やりたいことを実現させるための一歩を踏み出してください。後回しにできるくらいのものならば、最初からやらないほうがいいです。本気でやりたいと考えているなら、始めるのに早い、遅いはありません。やりたい今、全力投球してください。

転職したい気持ちは、素晴らしいことです。企業が倒産して止むを得ず転職をする方もいますが、多くの方は現在の状況に満足せず、もっと力を発揮したい、もっと年収をアップしたい、もっと安定した生活がしたいといった現在の状況を向上させたい前向きな気持ちの表れです。

やりたいことを我慢して後々後悔するくらいならば、本気でチャレンジしてください。仮に上手くいかなくても得るものは大きいですし、リベンジすればいいのです。

なりたい自分を目指して、チャレンジしてください。

ポイント

諦めずやりたいことを実現するための一歩を踏み出す。上手くいかなければ、リベンジすればいい。

SECTION 84

第二新卒として退職理由が上手く言えない

第二新卒の定義は特にありませんが、通常25歳以下で在籍3年以下の求職者のことを指します。第二新卒は、新卒で就職して仕事を続けるなかで、本当にやりたいこと、できることに気付き実践したいために退職したという理由で問題ありません。

但し新卒で入社した会社を短期間で辞める場合は、思っているものと違っていた、入社前と話しが違っていたなどの理由を簡潔に説明すべきですが、その際、会社批判にならないように、自分でもきちんと確認しなかった点を反省しているなど、謙虚な姿勢を示してください。

採用試験は、カウンセリングではありません。前職の劣悪な環境や入社前の話の食い違いなどを理解してもらおうとすればするほど感情的な説明になることが多く、採用担当者はなかなか理解してくれません。退職理由は簡潔に説明し、やりたいこと、できることの実現といった志望動機に時間を割くようにしてください。

退職理由に企業がこだわる場合、応募企業へのアピールが上手く伝わっていない可能性があります。

やりたいことを応募企業で実現できるという退職理由をさらっと回答してください。

ポイント

新卒で入社した経験があるからこそ、やりたいこと、できることが明確になりそれが応募企業で実現できるという流れで説明する。

SECTION 85

転職も婚活も上手くいかない

転職や婚活が上手くいかない理由は様々ですが、自分のことだけ考えて相手のために何ができるかという配慮が欠けている方がいます。

転職であれば、待遇面、労働条件、企業の安定性などのこだわりが強いものの、肝心な応募企業でどのように貢献できるかというアピールができていません。

自分に合う企業がないと嘆いていますが、応募企業で何ができるかという点について深く考えません。

婚活も同様に自己中心的に考え相手の気持ちを汲み取り行動しないため、相手は自分のことを考えてくれないと判断してしまいます。

相手の気持ちを汲み取れないため、お付き合いをしても長く続かない傾向があります。両者の特徴として相手（企業）が何かをしてくれるという受け身の姿勢の方が多いのです。

転職も婚活も自己中心的な考え方や行動では、良い結果には繋がりません。相手がどう受け取るか、相手（企業）のために何ができるかという考えで、相手（企業）の期待にどのように応えられるかという視点で考え、行動してみてください。

「私は、私だから・・・」「相手が何もしてくれないから・・・」と開き直らず、「相手のために尽くしたい」という気持ちに転換することで、良い結果に繋がります。

気持ちと行動を切り替えてみてください。

ポイント

自己中心的な考えではなく、相手（企業）に何ができるかという視点で行動すると良い結果に繋がる。

SECTION 86

アルバイト経験しかなく転職できない

アルバイト経験しかないから転職できないということはありません。アルバイト経験しかないから駄目だと最初から諦めの境地で臨めば、積極的なアピールができずに採用に至らないのです。書類作成においても、アルバイト経験であっても正社員経験者と同様に応募企業で生かせる経験を強調して記載してください。

転職では前職の雇用形態や学歴ではなく、実務能力を重視する企業が多いので、アルバイト経験であっても関連する能力をアピールしてください。

アルバイトだからと職務経歴書に何も書かなければ、採用担当者は判断のしようがありません。アルバイトであっても応募企業で生かせる経験はあるはずです。じっくり掘り起こして伝えることが大切です。

正社員経験がないことだけで不採用にするようであれば、社員の本質を見抜くことができず今後伸びていく可能性が少ない企業です。

これまでの経験で、無駄な経験などありません。アルバイト経験があるからこそ現在があるのです。

どんな経験でも、あなたの財産です。

正社員としてより良い企業になるよう頑張りたいという姿勢で臨んでください。

応募企業で発揮できる能力と応募企業だからこそ働きたい理由、さらに企業のために貢献していきたい意欲を示してください。

ポイント

アルバイトだから転職できないという先入観を捨てて、応募企業でできることを積極的にアピールする。

SECTION
87

将来の結婚や出産について面接で質問されて困る

本来職務能力に関係ないプライバシーに関する質問はおこなってはいけないと厚生労働省が定めているにも関わらず質問してくる企業について、不快に感じるならば入社を検討すべきです。

しかし、結婚や将来の出産は、本来仕事と関係がないことですが、すぐに辞められては困るという観点から質問をおこなっているケースもあります。

採用したいと考えているからこそ質問していると受け取ることもできます。

通常このような質問をされたら、「将来についてわかりませんが、いずれにしても仕事は継続していきたいと考えています。」と仕事を続ける意欲を伝えてください。それでもさらに質問をされて不快になるならば、「面接に関連する質問なのでしょうか。非常に不快です。」といって面接を辞退することも考えてください。

予測できないことについて、執拗に確認をする場合、定着率が悪い企業かもしれません。

逆にこちらから、「出産や結婚をしても仕事を続けていきたいですが、可能でしょうか？」と質問をしてみて、面接官の反応を観察してみてください。

面接官が採否を検討するのと同様に、応募者も入社すべき企業か見極めることが大切です。

ポイント

不快に感じなければ採用したいからこそ質問をしていると捉えて、結婚や出産しても仕事を継続していきたい意思を伝える。

SECTION 88

退職理由がネガティブで上手く回答できない

退職理由で、人間関係が上手くいかなかったなど、採用担当者が不安になるような理由をあえて回答すべきではありません。嘘はいけませんが、辞めたいと考えたきっかけが受け取り方や気持ちの問題であれば、嫌だからという理由をやりたいことに転換できるはずです。そしてやりたいことが応募企業で実現できるという流れができれば、ネガティブな退職理由は払拭できます。

わかってくださいという気持ちが強いと感情的になり、採用担当者が好感を持たないケースもありますので、ネガティブな理由をポジティブに転換して回答してください。

企業の倒産などであれば、簡潔に事実を伝えるべきですが、そのことをきっかけにやりたいこと、できることを考えて前向きに転職活動をおこなっているという姿勢が大切です。

応募企業にとって前職の劣悪な労働環境やひどい上司などは、関係ないことです。

採用担当者は、退職理由から自社でも同様の問題が起きないかという点を気にしますので、できる限りネガティブな回答は控えて、嫌だからという理由をやりたいに転換したできることの実現に繋げた回答をしてください。

ポイント

ネガティブな退職理由であれば、そのことをきっかけにやりたいこと、できることを実現するというポジティブな理由に転換する。

SECTION 89

年齢がネックになり転職できない

誰でも年を取ります。そして転職市場では、中高年より若年層の応募者を採用したい企業が多いのも事実ですが、経験豊富な中高年を採用したい企業もあります。

若年層を採用したい企業へいくらアプローチをしても良い結果には繋がりませんので、求人情報から読み取ることも必要です。例えば、第二新卒歓迎、20代が活躍中など記載している企業であれば、募集年齢が記載されていなくても中高年が採用されることが難しいかもしれません。

若年層の応募者に打ち勝つためには、求められている職務能力を満たしていることはもちろんですが、さらにプラスアルファの企業が欲しがる経験や能力があると採用に繋がるケースがあります。豊富な経験をフル活用したいと考える中小企業があるのです。

中高年だから覚えられないという姿勢では、採用には至りません。新たな環境で新入社員として意欲的に仕事に取り組む姿勢が大切です。

これまでの実績だけアピールしても、自慢話と受け取られます。応募企業で発揮できる能力をアピールしたうえで、信憑性を示すために実績を伝えるのです。

求人情報から若年層を募集しているのか読み取ることも大切ですが、応募者が少ない職種や業界をあえて応募してみる方法もあります。

ポイント

求められている人材としての能力に加えて、これまでの経験を生かしたプラスアルファのウリを謙虚にアピールする。

SECTION 90

不採用になった企業へ再度応募したい

特に求人情報で再応募について明記されていなければ、不採用になった企業へ再応募することは可能です。転職が他の応募者との相対評価で決まるケースが多いものの、なぜ不採用になったか分析したうえで、思い当たる点があればそのことを払拭する必要があります。

例えば希望年収を伝えた時点で面接官の表情が変わったなどの理由であれば、実力を見て決めて欲しいというスタンスに変えるか、年収を下げることも考慮してください。

職務についてできるか問われて曖昧な回答をしたことが原因と考えるならば、できるという回答と共に、裏付けとなる理由を用意します。

新卒時に不採用になった企業へ転職で応募することは、何ら問題ありません。転職では実務能力を評価する傾向がありますので、これまでの経験と求められているものが合致すれば、採用に繋がる可能性があります。

以前応募した経験があるか問われたときは、応募企業への入社意欲を伝えたうえで、正直に回答すべきです。

不採用になった企業とその他の企業との違いについて考えてください。実はそれほどの差異がなく、憧れだけで採用されると思いが強いだけに落胆するケースもあります。

不採用になった企業へ再応募したい気持ちも理解できますが、むしろ他の企業へ転職をして、不採用にした企業を見返してやるくらいの気持ちで臨むことも考えてみてください。

ポイント

不採用になった理由が払拭できていることが前提になるが、憧れだけで採用されても落胆することがある。

SECTION 91

資格試験が受からない

資格がなければできない仕事ならば、何度でもチャレンジすべきですが、持っていたほうがいい程度のものであれば、期間を決めてチャレンジしてください。年に何度もおこなわれる試験ならばともかく、年に1回の試験ですとあっという間に数年経過してしまいます。特に離職して資格試験の勉強をしているならば、仕事に就かない期間をむやみに増やすべきではありません。

どうしても継続したいならば、少なくても仕事をしながら勉強を継続する方法を取るべきです。転職の面接では、資格取得のためのブランク期間があり資格が取得できていない場合、今後どうするつもりなのか問われます。資格が絶対条件でない限り、勉強を継続していくという回答では、本業が疎かになると判断されて採用されないケースが多いでしょう。継続していくつもりでも、面接では資格試験の勉強は打ち切り、仕事に集中すると伝えてください。

資格試験が上手くいかなくても、勉強で得た知識が仕事でも生かせるというアピールを考えてみてください。全く関連しない知識でなければ難しいものの、資格は取れていないものの知識を生かせれば、アピール材料になります。

通常転職は、資格より経験や能力を重視します。簿記などの資格所持が条件になることもありますが、多くはこれまでの経験を通じて応募企業で発揮できる能力のほうが、資格を所持しているより高い評価が得られるのです。資格取得に向けて勉強をしているときは、目標が明確なため他のことを考えず集中できますが、そのために生じるブランク期間が、転職のネックになることがあります。資格の勉強は決して悪いことではありませんが、勉強が現実からの逃避にならないようにしてください。

ポイント

予め期間を決めて勉強をおこない、上手くいかない場合は知識を生かしつつ、きっぱり資格取得を諦める。

SECTION 92

面接で質問が思い浮かばない

面接後半で面接官から「何か質問がありますか？」と問われたとき、特に質問がなく困ってしまうケースがあります。

面接時に質問をする場合は、できる限り業務に関連する質問をすべきです。待遇面や労働条件に固執した質問をすることで、仕事に興味がない印象を与えてしまう可能性があります。

面接時に仕事内容や会社概要についての説明があり、特に質問がなければあえて質問をする必要はありませんが、「ありません。」と一言で終わらせてしまうと入社意欲がないと判断されてしまう可能性があります。質問がなければ「本日十分ご説明いただきましたので、特にございません。お話をお聞きして益々入社意欲が高まりました。どうぞよろしくお願いします。」と回答してください。

面接後半では、応募者の入社意欲を見極めています。せっかく内定を出しても辞退されると新たに募集を行わなければならないため、確実に入社する応募者を採用したいと考えます。
　質問について問われないときは、退室時に「本日は、ありがとうございました。ぜひ御社で頑張りたいと思います。どうぞよろしくお願いいたします。」と語り退室することで、入社意欲が高い応募者だという印象を与えることができます。

ポイント
特に質問がなければ、説明を受けたことでより入社意欲が高まったと伝える。

SECTION 93

独立したいが上手くいくか不安になる

転職は、企業に勤務するだけでなく独立という選択肢もありますが、会社員のように一定の給与が入るわけではないので、上手くいくか不安になる方も多いのです。

上手くいくかどうかは、実践してみなければわかりませんが、独立したい気持ちがあるならば、独立したい今が、独立すべきときなのかもしれません。

資金について何も考えず独立しても、思うようにいかない場合、事業を継続できなくなります。そのため独立費用を事前に準備する必要がありますが、お金が用意できたら独立というのでは、いつまでたっても独立できません。

やりたいことを実現するにはタイミングも重要です。借入をしてもやるべきときもあります。独立後生活に不安があるならば、当面アルバイトをしながら生活費をやりくりすることもできます。

独立に不安があるならば、会社員として勤務しながら副業からスタートする方法もあります。週末だけ起業するとか、終業後におこなえる副業もあります。

今後70歳まで働くことを考えるならば、雇われない生き方も選択肢の一つとして考えてみるべきかもしれません。

できるかどうか考えれば不安が先立ちますが、成功する道筋が描かれているならば、後悔しないためにも独立に踏み切るべきかもしれません。

ポイント

不安は行動しなければ払拭できない。成功に向けての道筋が描かれているならば、将来を踏まえて行動してみるべきだ。

SECTION
94

やりたいこととできること、どちらを優先すべきか悩む

やりたいことを実現するのに年齢など関係ないという方もいますが、現実問題として企業への転職ならば、企業側の受け入れられる状況も考慮しなければいけません。

特に未経験のやりたいことであれば、年齢が増すにつれて難しくなり、できることを優先しなければいけなくなります。未経験の職種について本人がやる気があっても既存社員が指導しにくいなどの理由から、採用に至らない可能性があります。

やりたいこととできることが一致しているのが理想ですが、仕事は、やりたいことだけおこなうものではありません。やりたい仕事に就いても思い描いていた仕事と異なるケースもあります。

できることをさらに伸ばしていくほうが、周囲の評価も高まりやりがいに繋がる可能性が高いことを考慮して、今後の方向性を決めてください。

仕事には常に相手がいます。

仕事は、自己満足のためだけにおこなうものではありません。

相手に満足を提供することが仕事の本質であれば、やりたいこととできることと、どちらを優先すべきか答えが見えてくるかもしれません。

ポイント

やりたい仕事に就いても思い描くものと異なるケースがある。自己満足ではなくどれだけ貢献できるかという視点で考えてみる。

ヤドケンから
悩んだあなたへのアドバイス

転職は、経験、未経験を問わず企業が求めている人材を想定したうえで、発揮できる能力を具体的にアピールすることが成功のポイントです。求人募集から、活躍するあなたの姿をイメージしてみてください。具体的にイメージできれば、あなたに合う会社かもしれません。

不採用になるのは誰でも辛いことですが、通常採否は、他の応募者との相対評価で決まるケースが多いので、不採用になったからといって落ち込まないでください。

転職に失敗したくないと考え応募企業をなかなか決められない方がいますが、完璧な企業などありません。転職で優先したいことが満たされているか見極めたうえで、失敗を恐れず一歩踏み出してください。

おわりに

仕事や転職について、一人で悩んでいるだけではなかなか解決しませんが、一歩踏み出すことで人や企業との関わりが生まれてきます。

仕事が忙しく健康を害してしまえば、やりたいことも実現できません。

少し広い視点で自分を見つめてみると、現職で悩んでいることがそれほど大きな問題ではないように思えてくるかもしれません。

これまで人事で1万人以上の面接をおこない、独立後は多くの求職者のサポートをさせていただいてきましたが、人それぞれ考え方や人生のビジョンは違います。こんな些細なことで悩まなくてもいいと思うことが、その人にとって大きな悩みなのです。悩みの捉え方は、人それぞれ違います。

大きな悩みでも一人で抱えず話しをすることで、解決策がすぐに見つからなくても、気持ちが楽になります。

仕事も転職も自分さえよければいいという自己本意の考え方では、上手くいきません。どちらもそこには相手がいます。企業も大きく捉えれば、相手と言えます。仕事や転職が上手くいくためには、相手の立場になり考え、行動することです。仕事で上手くいかない相手でも、視点を変えて相手の立場になると見えてくるものがあります。企業も同様に、企業の立場で考えれば、なるほどと理解できることがあります。

真面目で真摯に仕事に取り組んでいる方ほど悩みますが、肩の力を抜いて気分転換をしてみてください。気分転換で気持ちがリフレッシュし、悩みが少し楽になるかもしれません。

悩んで好転する悩みであれば大いに悩むべきですが、そうでなければあまり気にせず、やりたいことに集中して自分を信じて行動することです。

本書が、仕事や転職で悩んでいる方のお役に立つことができれば幸いです。皆さまの仕事や転職が上手くいきますよう心から願っています。

谷所 健一郎

■著者紹介

谷所《やどころ》　健一郎《けんいちろう》　有限会社キャリアドメイン 代表取締役　https://cdomain.jp
日本キャリア開発協会会員
キャリア・デベロップメント・アドバイザー(CDA)
東京大学教育学部付属高校在学中にニューヨーク州立高校へ留学。武蔵大学経済学部卒業後、株式会社ヤナセに入社。その後、株式会社ソシエワールド、大忠食品株式会社で、新卒・中途採用業務に携わる。1万人以上の面接を行い人材開発プログラムや業績評価制度を構築する。株式会社綱八で人事部長を務めたのち独立。1万人以上の面接と人事に携わってきた現場の経験から、人事コンサルティング、執筆、講演、就職・転職支援を行う。ヤドケン就職・転職道場、ジャパンヨガアカデミー相模大野、キャリアドメインマリッジを経営。
主な著書
『働き方改革で潰れない会社の人事戦略』(C&R研究所)
『転職必勝バイブル
　採用される履歴書・職務経歴書の書き方&面接突破法』(C&R研究所)
『再就職できない中高年にならないための本』(C&R研究所)
『選ばれる転職者のための面接の技術』(C&R研究所)
『選ばれる転職者のための職務経歴書&履歴書の書き方』(C&R研究所)
『人事のトラブル 防ぎ方・対応の仕方』(C&R研究所)
『できる人を見抜く面接官の技術』(C&R研究所)
『新版「できない人」の育て方 辞めさせ方』(C&R研究所)
『「履歴書のウソ」の見抜き方 調べ方』(C&R研究所)
『即戦力になる人材を見抜くポイント86』(創元社)
『はじめての転職ガイド 必ず成功する転職』(マイナビ出版)
『「できる人」「できない人」を1分で見抜く77の法則』(フォレスト出版)
『良い人材を見抜く採用面接ポイント』(経営書院)　他多数

●ヤドケン転職道場WEB版講座開設中。
http://www.knowledge.ne.jp/lec448.html

編集担当 ： 西方洋一 ／ カバーデザイン ： 秋田勘助（オフィス・エドモント）

仕事や転職で悩んだときに伝えたいこと

2019年8月1日　　初版発行

著　者　谷所健一郎
発行者　池田武人
発行所　株式会社　シーアンドアール研究所
　　　　新潟県新潟市北区西名目所4083-6(〒950-3122)
　　　　電話　025-259-4293　FAX　025-258-2801
印刷所　株式会社　ルナテック

ISBN978-4-86354-282-2 C0036

Printed in Japan